Dieter Krowatschek (†) / Gordon Wingert
Gita Krowatschek

Soziales Lernen – pur!

Beliebte Übungen für die Arbeit in Gruppen

Dieter Krowatschek (†) | Gordon Wingert | Gita Krowatschek

Soziales Lernen – pur!

Beliebte Übungen für die Arbeit in Gruppen

BORGMANN
MEDIA

Unser Buchprogramm im Internet
www.verlag-modernes-lernen.de

Veröffentlicht in der Edition:
***BORGMANN MEDIA* GmbH & Co. KG · Schleefstraße 14 · D-44287 Dortmund**

Gesamtherstellung in Deutschland: Löer Druck GmbH, Dortmund

Schrift: Fira Sans, Junicode

Illustrationen: Caroline Reid, New York

5., durchgesehene Aufl. 2023

Bestell-Nr. 9421 ISBN 978-3-942976-32-9

Inhalt

☺ = TOP TEN Spiel / Übung

Aus Gründen der besseren Lesbarkeit wird die vereinfachte männliche Sprachform (generisches Maskulinum) verwendet. Im Sinne der Gleichberechtigung gelten sämtliche Personenbezeichnungen für alle Geschlechter.

Vorwort

„Diskutier' keine Probleme mit mir, nenne mir Lösungen!"

Oder: „Die Kinder von heute sind Tyrannen. Sie widersprechen ihren Eltern, kleckern mit dem Essen und ärgern ihre Lehrer."

Sokrates

Lehrkräfte, Eltern, Erzieher und Therapeuten sind sich einig über die Wichtigkeit von sozialen Fähigkeiten. In der Familie, im Kindergarten, in der Schule und später im Berufsleben sind sie unerlässlich. Dennoch gibt es viele Klagen, dass den Kindern und Jugendlichen von heute entscheidende soziale Kompetenzen fehlen und viele von ihnen Schwierigkeiten haben, in Gruppen klar zu kommen.

Wie hilft man Kindern und Jugendlichen dabei, sozial kompetent und in Gruppen erfolgreich zu sein? Oder anders: Wie bringt man Kindern und Jugendlichen Sozialverhalten bei?

Dieter Krowatschek hat über dreißig Jahre als Lehrer und Schulpsychologe gearbeitet und sich gerade mit denjenigen Kindern und Jugendlichen beschäftigt, die sich nicht so leicht anpassen konnten. Die meisten von ihnen brachten durch ihr schwieriges Verhalten viel Unruhe in Schulklassen und Gruppen. Trotzdem waren es aber immer auch Kinder, die neben ihren Schwierigkeiten viele positive Seiten mitbrachten, die im Alltag oft in Vergessenheit gerieten: So waren die meisten sehr lebensfroh, neugierig, hilfsbereit, lösungsorientiert (wenn auch nicht immer so, wie man es sich wünschte ...), lustig und es machte sehr viel Spaß, mit ihnen zu arbeiten.

Die Kunst von Dieter Krowatschek bestand darin, diese Stärken zu erkennen und sie für Kind und Klasse / Gruppe zu nutzen. Speziell für diese Kinder und Jugendlichen hat er die Marburger Trainings entwickelt und immer wieder mit seinen Erfahrungen aktualisiert und erweitert.

In den vielen Jahren haben er und sein Team auch zahlreiche Lehrkräfte supervidiert und ihnen konkretes, pädagogisches Werkzeug für den Alltag an die Hand gegeben. Die vorliegende Materialsammlung ist als Ergebnis dieser Arbeit zu sehen. Wie guter Unterricht und gutes Training beinhaltet sie neben viel Neuem auch Altbewährtes. Alle Übungen sind in der Praxis ausprobiert worden.

Dieter Krowatschek starb im Januar 2011, kurz vor Fertigstellung des Manuskripts.

Nach seinem Tod haben wir uns lange über unsere gemeinsame Zeit mit ihm ausgetauscht und uns an viele schöne, witzige und lehrreiche Momente erinnert. Es entstand der Wunsch, das Manuskript zu beenden.

Wir hoffen, dass wir mit dem Buch *Soziales Lernen – pur!* einen Teil seines Erfahrungsschatzes weitergeben können.

Denn wichtig ist, was beim Kind ankommt.

Gita Krowatschek und Gordon Wingert, März 2012

Einleitung – „Die tun nichts, die wollen nur spielen!“

Soziale Probleme in den Schulen

Vier Schüler einer siebten Klasse müssen von einem auf den anderen Tag die Schule verlassen. Was genau passiert ist, bleibt unklar. Es gibt verschiedene Gerüchte: Die einen erzählen, diese vier Schüler hätten einen Mordversuch an einem ihrer Mitschüler unternommen. Hierfür hätten sie sich eine ätzende Chemikalie besorgt und geplant, sie dem ausgeguckten Opfer ins Essen zu tun. Da dieses Kind aber am Tag, an dem die Tat geplant war, zufällig nicht in der Schule war, hätten sie die Substanz einem anderen Kind ins Essen gemischt. Dieses Kind habe nur wenig davon gegessen, weil es gemerkt habe, dass das Essen seltsam schmeckte. Mit Verätzungen der Speiseröhre sei es ins Krankenhaus gekommen. Die Kriminalpolizei sei eingeschaltet worden. Andere Gerüchte sprechen von einer völligen Überreaktion der Lehrer auf einen dummen Kinderstreich. Von Seiten der Schule gibt es keine offizielle Stellungnahme zu dem Vorfall. Dennoch wirft er viele Fragen auf:
Wie kann es in einer Klasse zu so einer grausamen Tat kommen?
Hat die Klassenlehrerin etwas falsch gemacht?
Kann man so etwas verhindern? Wenn ja, wie?
Ist der fristlose Rauswurf der Schüler gerechtfertigt? Gibt es bessere Lösungen?

Auf einer Klassenfahrt findet die Lehrkraft ein Mädchen weinend und mit nassem Schlafanzug in ihrem Bett. Sie behauptet, die anderen Mädchen aus ihrem

Zimmer hätten ihr im Schlaf Wasser übergekippt. Dies streiten die beiden ab. Sie wollten nur etwas ausprobieren: Ob es stimmt, dass man ins Bett macht, wenn einem jemand im Schlaf die Hand in kaltes Wasser steckt. Bei diesem Versuch sei das andere Mädchen aufgewacht, habe ihnen den Becher aus der Hand genommen und ihn sich schlaftrunken selber übergegossen.

Immer wieder sind Lehrkräfte in ihrem Alltag mit Vorfällen konfrontiert, bei denen Kinder oder Jugendliche sich ein Opfer suchen und dieses quälen – oft ohne ersichtlichen Grund. Die Attacken können verbal oder körperlich erfolgen. Kinder oder Jugendliche schließen andere gezielt aus und ignorieren sie. Sie beschädigen, verstecken oder zerstören fremdes Eigentum. Sie demütigen, machen lächerlich, setzen zum Teil unter Druck oder erpressen ihre Mitschüler. Heutzutage nutzen sie hierfür auch die „neuen" Medien: Handys, Internet, E-Mails, Chatrooms, Soziale Netzwerke ... Das Phänomen Mobbing hat sich zum Cyberbullying weiterentwickelt. Auch durch die räumliche und zeitliche Distanz der Täter zu ihren Opfern sind diese Attacken besonders roh.
Beim Cyberbullying passiert noch mehr, ohne dass die Erwachsenen etwas davon mitbekommen. Durch eigene Handys und E-Mail-Accounts sowie spezielle Internetforen entzieht sich fast alles der Aufmerksamkeit der Eltern.

Wenn sie von den Vorfällen erfahren, sind die Erwachsenen meist entsetzt und hilflos. Oft scheinen die Schüler gar nicht zu merken, wie sie sich benehmen und was sie mit ihrem Verhalten anrichten können. Hier scheint ihnen jegliches Einfühlungsvermögen und Mitleid zu fehlen. Doch würde keiner, der mit Kindern und Jugendlichen arbeitet, behaupten, dass diese alle „gestört" oder „asozial" sind, vielmehr kommen solche Verhaltensweisen auch in „den besten Familien" vor.

Ein großes Gymnasium im mittelhessischen Hinterland: Eine Schülerin der achten Klasse hat ihrer Mitschülerin einen Brief geschrieben. Darin beschimpft sie diese wüst. Ihr Klassenlehrer hat den Brief gefunden. Er ist schockiert: Die Schülerin ist sonst völlig unauffällig und sehr gut erzogen. Die Mutter ist Therapeutin und stark in ihrer Gemeinde engagiert. Auch die Tochter ist ehrenamtlich tätig. Im Gespräch präsentiert der Klassenlehrer den Brief. Die Mutter kann es kaum glauben und sagt: „Wenn ich nicht wüsste, dass dies die Handschrift meiner Tochter ist, würde ich es nicht glauben!" Sie weint und fragt sich: Was habe ich falsch gemacht?

Bildungsprogramme lesen sich heutzutage wie Anleitungen für bessere Menschen, der pädagogische Auftrag sieht das Soziale Lernen als gleichwertig zum Wissenserwerb an. Man verständigt sich in Bildungsdiskussionen auf die Wichtigkeit von Basiskompetenzen.

Diese Basiskompetenzen sind:[1]

- **Ich-Kompetenzen**
- **Soziale Kompetenzen**
- **Sachkompetenzen**
- **Lernmethodische Kompetenzen**

Bis zum Schuleintritt sollen die Kinder hiervon grundlegende Fähigkeiten und Fertigkeiten entwickelt und erworben haben. Der pädagogische Auftrag besteht darin, diese Kompetenzen der Kinder zu fördern. Diese Basis benötigen Kinder sowohl für die direkte Auseinandersetzung mit anderen in der Kita und Schule, als auch um in ihrem weiteren Leben in der Gesellschaft zu bestehen und diese aktiv mitgestalten zu können.

In Anlehnung an das Berliner Bildungsprogramm konkretisieren sich die Basiskompetenzen wie folgt:

Ich-Kompetenzen

- sich seiner Bedürfnisse, Wünsche und Ansprüche bewusst werden
- sich seiner Gefühle (Freude, Glück, Trauer, Wut, Angst) bewusst werden und diese angemessen zum Ausdruck bringen
- Vertrauen in die eigenen Kräfte entwickeln
- sich mitteilen, etwas sprachlich ausdrücken, sich mit anderen verständigen können (ich kann etwas einbringen, ich weiß etwas, man hört mir zu)
- sich seine Meinung über die Dinge und Erscheinungen bilden und andere akzeptieren
- Ideen entwickeln
- Initiative ergreifen
- andere begeistern
- sich durchsetzen
- an einer selbst gestellten Aufgabe dranbleiben
- bei Misserfolg nicht gleich aufgeben
- Kontakte herstellen und erhalten
- kooperieren
- ein-, über- und unterordnen (können)
- Hilfe anbieten und Hilfe annehmen
- sich gegen Ungerechtigkeit wehren

Soziale Kompetenzen

- Erwartungen, Bedürfnisse und Gefühle anderer wahrnehmen
- anderen zuhören
- sich einfühlen können

1 Das Berliner Bildungsprogramm für die Bildung, Erziehung und Betreuung von Kindern in Tageseinrichtungen bis zu ihrem Schuleintritt; Entwurf Juni 2003; erarbeitet von INA gemeinnützige Gesellschaft für innovative Pädagogik, Psychologie und Ökonomie an der Freien Universität Berlin (Hervorhebung (kursiv und fett) durch die Autoren).

„Man muss die Welt nicht verstehen, man muss sich nur in ihr zurechtfinden."

Albert Einstein

- sich in die Perspektive des anderen versetzen und darauf eingehen
- sich über unterschiedliche Erwartungen verständigen
- Kompromisse aushandeln
- Kritik äußern und annehmen können
- Konflikte aushandeln können
- Regeln und Normen des Zusammenlebens vereinbaren
- sein eigenes Verhalten reflektieren
- Verantwortung für sich und andere, vor allem auch gegenüber Schwächeren, übernehmen
- das Denken, Fühlen und Handeln anderer achten, achtungsvoll miteinander umgehen
- das Wissen, im gemeinsamen Tun Dinge bewirken zu können
- anerkennen und achten, dass Andere anders bzw. unterschiedlich sind
- etc.

Kaum jemand würde diesen Bildungszielen widersprechen. Eher denkt man vielleicht, das würde ich auch gerne besser können oder man weiß, dass einige dieser Fertigkeiten selbst den Erwachsenen schwer fallen.
Die Bildungsziele passen gut zu dem, was Eltern oder Lehrkräfte ihren Kindern wünschen: Neben Erfolg im Beruf wünschen sie ihnen, im Leben glücklich zu werden. Dazu gehört für die meisten, dass sie eine Familie und Freunde haben. Sie wünschen ihnen, dass sie ihren Weg finden und einen Platz im Leben. Außerdem wünschen sie sich von ihren Kindern, dass sie hilfsbereit sind und sich für andere einsetzen. Egal ob beruflich oder privat, wir müssen mit anderen Menschen zurechtkommen und brauchen andere Menschen für ein erfülltes Leben.

Die Wirklichkeit in den Schulen lässt dieses Ideal – leider – zu oft vermissen, obwohl sich eine Vielzahl von Lehrkräften sehr darum bemüht. Sie fördern ihre Schüler, kümmern sich um sie, nicht selten weit über ihre Kräfte und ihren Auftrag hinaus. Trotzdem ist von den Basiskompetenzen bei vielen Schülern nicht viel zu erkennen. Viele von ihnen haben Schwierigkeiten diese zu zeigen: Sie haben sie nicht gelernt oder sind mit ihrer eigenen, oft sehr schwierigen Situation überfordert. Hier setzt das Soziale Lernen an: in der Schule oder in der Therapie / im Training.

Denn: Die Struktur des Schulalltags verlangt von den Kindern, dass sie miteinander auskommen. Sie verbringen heute mehr Zeit in Gruppen als noch vor 20 Jahren. Es gibt immer mehr Ganztagsschulen und ein ausgebautes Hortangebot, so dass die Kinder in der Regel von 8 bis 16 Uhr mit Gleichaltrigen zusammen sind. Im Gegensatz zur Entwicklung in den Familien, wo immer mehr Kinder ohne Geschwister und nur mit einem, meist berufstätigen Elternteil aufwachsen. Deswegen machen viele Kinder wichtige soziale Erfahrungen erst mit dem Beginn des Kindergartens.

Ständig beklagen Lehrkräfte, Erzieher und Eltern das schlechte Sozialverhalten der Kinder: Es gibt Schwierigkeiten in zahlreichen Bereichen des sozialen Miteinanders. Zum Glück sind sie im Alltag nicht immer so massiv wie oben beschrieben: Der weitaus größte Anteil der Schülerinnen und Schüler zeigt ein gutes Sozialverhalten. Trotzdem ist die Kontaktaufnahme der Schüler untereinander oft unangemessen. In manchen Klassen kennen sich die Schüler kaum und zeigen wenig Interesse aneinander, die Kommunikation scheint gestört. Lehrkräfte haben Schwierigkeiten, sich in der Klasse Gehör zu verschaffen, empfinden das Verhalten der Schüler als respektlos und kommen mit ihren Inhalten nicht immer weit. Die Lernerfolge der Schüler sind unterdurchschnittlich. Die Schüler selbst sind unmotiviert und perspektivlos.
Die Kinder gehen weder untereinander noch mit den Erwachsenen respektvoll um. Es gibt ständig Konflikte. Gemeinsam Lösungen zu finden oder Kompromisse zu bilden ist selten. Auch können sich viele Kinder nicht entschuldigen. Es fällt den Kindern schwer zu kooperieren.

Die Aufgabe der Lehrkraft

Aus der mehr als dreißigjährigen Erfahrung im Umgang mit schwierigen, überaktiven Kindern und Jugendlichen wissen wir, dass die soziale Kompetenz der Schüler auch stark von der Persönlichkeit der Lehrkraft abhängt: In Klassen, in denen sich die Lehrkraft um das Soziale Lernen ihrer Schüler bemüht, sie einen guten Kontakt zu ihnen aufbaut und sie mag, gibt es die geringsten Raten an Mobbing und Gewalt. Unterrichtet sie „nach Vorschrift“ und vernachlässigt das Soziale Lernen, ist die Situation oft anders:

Eine junge Kollegin bittet den Schulpsychologen um Hilfe. Sie berichtet von hohen Disziplinschwierigkeiten in ihrer 2. Klasse. Sie hat den Eindruck, die Kinder würden ständig stören und kämen untereinander nicht zurecht. Sie würden aneinander nur das Negative sehen und sich ständig übereinander beschweren.
Beim Unterrichtsbesuch fällt Folgendes auf: Die Klasse ist äußerst schön dekoriert. Die Arbeitsmaterialien sind sehr gut zugänglich und die Lehrkraft macht einen didaktisch hervorragenden Unterricht. Im Umgang mit den Kindern ist sie eher spröde. Als sie ein Kind drannimmt und es einen Fehler macht, wendet sich die Lehrerin ab und bittet kommentarlos ein anderes Kind um die Lösung. Bei einer anderen Aufgabe gibt das Kind zwei von drei korrekten Lösungen. Die Lehrerin sagt: „Hm!“ und wendet sich der Tafel zu. Das Kind ist sichtlich enttäuscht.
Im Anschluss an die Stunde spricht der Schulpsychologe sie auf die Situation an. Sie antwortet: „Ja, das Loben fällt mir schwer.“

Manche Lehrkräfte wünschen sich jemanden, der in ihre Klasse kommt und den Kindern beibringt, wie sie miteinander umgehen können. Hier gibt es gute Ansätze, wie z. B. Konfliktlotsenausbildungen.

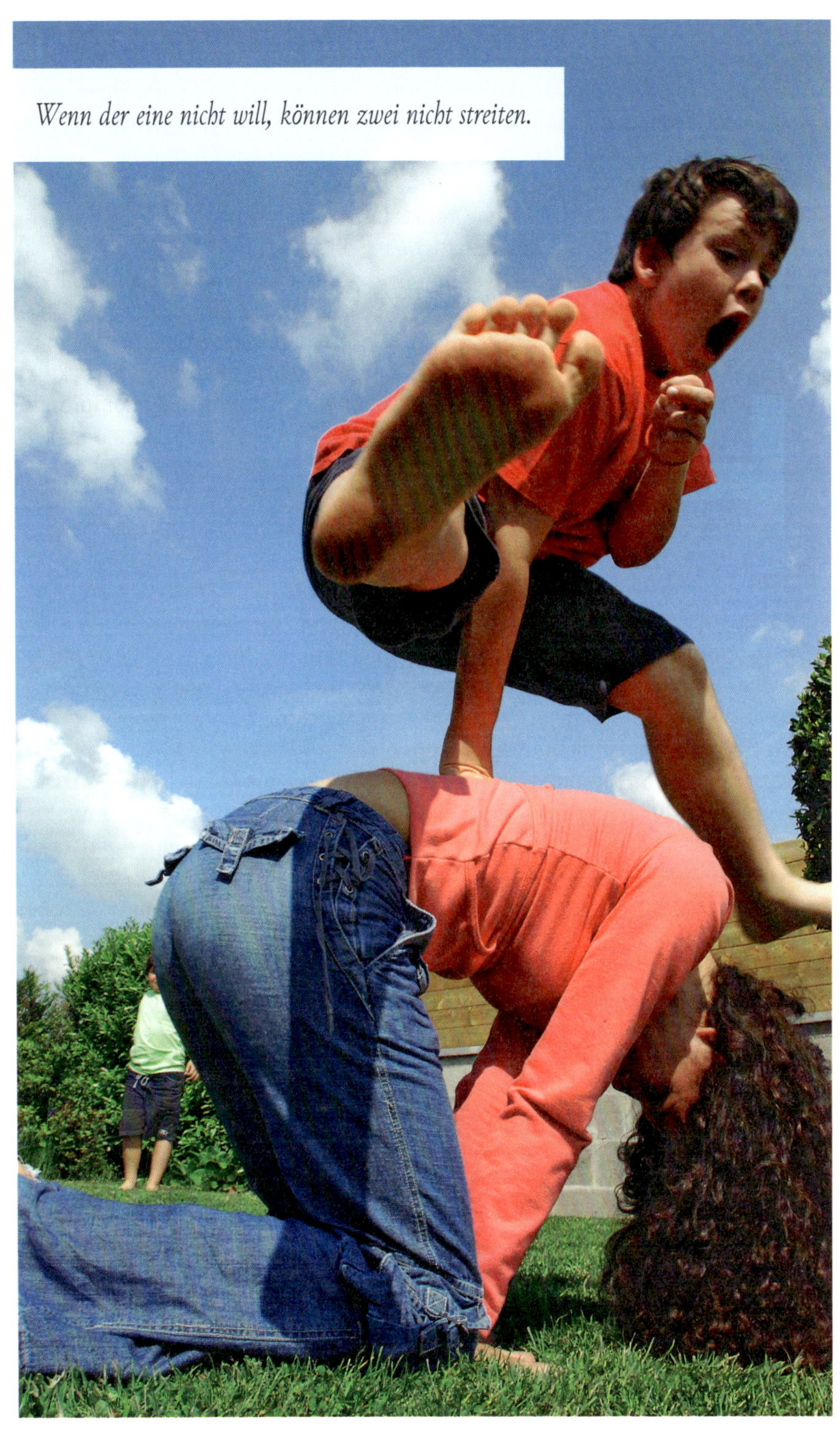

Wenn der eine nicht will, können zwei nicht streiten.

In erster Linie aber sollte das Soziale Lernen alltäglicher Bestandteil des Unterrichts sein und deswegen auch von der Lehrkraft selber initiiert und durchgeführt werden. Denn sie ist neben den Eltern und Erziehern eine der wichtigsten Personen in der Entwicklung der Kinder. Gelingt es ihr, einen positiven Zugang zu den einzelnen Kindern zu erlangen, kann sie besonders wertvoll auf sie einwirken. Die Lehrkraft ist ein wichtiges soziales Modell für die Kinder, bei ihr können sie beobachten, wie man miteinander spricht, wie man sich zuhört, wie man seine Meinung sagt und wie man Wertschätzung und Kritik ausdrückt. Sie zeigt, wie man sich darüber freut, wenn etwas gelingt, und wie man gelassen damit umgeht, wenn etwas zunächst noch schwierig ist. Die Lehrkraft schafft und gestaltet den Raum und die Atmosphäre, in der die Kinder lernen. Sie begleitet die Kinder und leitet sie auch an, damit sie sich entwickeln können.

Was ist Soziales Lernen?

Der Begriff Soziales Lernen wird uneinheitlich gebraucht. Die folgende Definition verdeutlicht dies (nach Gudjons, H. 1995, S. 24f.):

- Soziales Lernen als soziale Elementarerziehung: Dies bedeutet die Vermittlung von Mindestanforderungen in der Institution Schule.
- Soziales Lernen als gruppendynamische – interaktionistische Funktion: Es stellt die Förderung des Interaktionsverhaltens und eine angemessene Entwicklung der Dynamik von Lerngruppen dar.
- Soziales Lernen als sozialpädagogische und kompensatorische Funktion: Hier erhält die Lerngruppe vor dem Hintergrund besonderer Defizite in der Affekt- und Sozialbildung eine wichtige therapeutische und kompensatorische Funktion.
- Soziales Lernen als emanzipatorische und politische Funktion: Generelles Lernziel ist in diesem Falle die Befähigung zu politischem Handeln.

Wir verstehen unter Sozialem Lernen den Ausbau der Ich-Kompetenzen und der sozialen Kompetenzen durch die Auseinandersetzung mit der Gruppe, der Lehrkraft und sich selbst.

Ich-Kompetenzen
- Stärken und Schwächen erkennen und akzeptieren
- Selbstwertgefühl
- Emotionen
- Umgang mit Aggressionen und Wut
- Spannungsabbau
- sich behaupten

Soziale Kompetenzen
- sich an Regeln halten

- angemessene Kontaktaufnahme
- kennenlernen
- freundlich miteinander umgehen
- zuhören
- sich in andere hineinversetzen können
- Perspektivübernahme
- mit anderen zusammenarbeiten
- seine Ideen einbringen
- ein „Teamplayer“ sein
- sich gegenseitig etwas Nettes sagen
- angemessen Kritik üben und annehmen
- sich entschuldigen können

Soziales Lernen – pur möchte Lehrkräften, Erziehern, Therapeuten und Trainern dabei helfen, den Kindern und Jugendlichen diese wichtigen Basiskompetenzen im täglichen Umgang, sei es im Unterricht, in der Therapie oder im Training, auf attraktive Art und Weise zu vermitteln. Dabei schafft man Situationen, in denen sich die Kinder miteinander, mit sich selbst oder mit dem Anleiter / der Lehrkraft auseinandersetzen. Man bietet so Möglichkeiten zum Sozialen Lernen an. Hierfür wurde eine Vielzahl an Übungen und Experimenten zusammengestellt.

Uns ist bei der Auswahl der Übungen wichtig,
- dass sie im Alltag funktionieren
- dass sie für Kinder und Jugendliche geeignet sind
- dass sie Spaß machen

Die Übungen stammen aus der Jahrzehnte langen pädagogischen und therapeutischen Arbeit von Dieter Krowatschek mit schwierigen, vor allem hyperaktiven und aggressiven Kindern.

Den Übungen ist gemeinsam, dass sie an den positiven Seiten der Kinder ansetzen. „Catch them being good!“ sagen die Engländer.
Die Übungen sind bewusst für Lehrkräfte, Erzieher und Trainer gedacht. Man muss kein Kinderpsychologe sein, um sie einsetzen zu können.
Sie sollten in einer angstfreien Atmosphäre stattfinden.
Da die Übungen sehr spielerisch sind und einen hohen Aufforderungscharakter haben, d.h. die meisten Kinder wollen gerne mitspielen, findet ein Teil des Lernens vor bzw. „neben“ der eigentlichen Übung statt. So werden wichtige Regeln eingeübt:
- wer drankommen möchte, sitzt auf seinem Platz und macht das Leisezeichen (Finger vor die Lippen und ruhig aufzeigen)
- man wartet ab, bis man an der Reihe ist
- Materialen räumen die Kinder selbstständig weg
- man sagt „Bitte“ und „Danke“

Ein Wort zur Vorbereitung und Durchführung

Bewährte Methoden

Es gibt eine Handvoll Methoden, die man kennen und einsetzen sollte.[2]

Diese Methoden sind:
- Leisezeichen / Aufmerksamkeitszeichen
- Ignorieren mit positivem Modell
- Loben
- Punktepläne / Tokens
- Fairness-Preis
- Time-out / Auszeitmethode

Die Methoden stammen aus der Verhaltensmodifikation. Sie helfen, den Rahmen zu schaffen, um mit einer Gruppe konstruktiv arbeiten zu können. Möchte man mit seiner Gruppe Soziales Lernen praktizieren, sind diese Methoden sehr hilfreich, um die nötige Struktur herzustellen und zu halten. Aber auch bei anderen Unterrichtsinhalten unterstützen sie den Umgang mit der Gruppe und sind somit für das Verhaltensrepertoire einer jeden Lehrkraft zu empfehlen.

Die ersten fünf Methoden arbeiten mit den Stärken, d.h. dem positiven Verhalten der Kinder und trainieren und bauen es auf. Problemverhalten wird dadurch gleichzeitig verringert. Nur die Time-out Methode geht direkt auf Störverhalten ein.

Das Leisezeichen / Aufmerksamkeitszeichen

In der Grundschule ist das Leisezeichen sehr verbreitet. Es ist ein Signal zur Aufmerksamkeit. Die Lehrkraft hebt eine Hand und legt gleichzeitig den Zeigefinger der anderen Hand vor die Lippen zum „Psst-Zeichen!". Nun wartet sie, bis alle Kinder ebenfalls das Leisezeichen machen. Nach und nach wird es immer ruhiger, und die Kinder sind mit ihrer Aufmerksamkeit auf die Lehrkraft gerichtet. Wenn es absolut ruhig ist, beginnt man mit der Aufgabe, macht die Ankündigung oder gibt eine Anweisung.
Auch bei älteren Schülern kann man gut mit einem Leisezeichen arbeiten. Folgendes Signal hat sich bei Jugendlichen bewährt: Die Lehrkraft kündigt das Aufmerksamkeitssignal an, indem sie z.B. sagt: „Achtung, Aufmerksamkeit, bitte!".

---

2 Eine ausführliche Darstellung bewährter Methoden finden Sie z.B. in Bewährte Methoden und Materialien.(S. 245 – 270) in Krowatschek, D. & Wingert, G. (2021[2]). **Schwierige Schüler im Unterricht. Hilfen bei schwierigem Schülerverhalten.** Dortmund: verlag modernes lernen.

Dann hebt sie langsam ihren rechten Arm im Bogen nach oben, wie ein Uhrzeiger der sich von sechs Uhr nach zwölf Uhr bewegt. Die Hand bleibt solange erhoben, bis alle Schüler auf die Lehrkraft blicken und selbst die Hand gehoben haben. Sind alle Hände oben, zählt man innerlich bis drei. Dann bedankt man sich für die Aufmerksamkeit und lobt die Klasse: „Vielen Dank, für eure Aufmerksamkeit." und „Das hat sehr gut geklappt."

Gut funktioniert auch der Einsatz einer Glocke als Signal für Ruhe.
Ein Countdown mit erhobener Hand ist auch ein praktikables Aufmerksamkeitszeichen. Die Lehrkraft hebt fünf Finger und zählt rückwärts: „Achtung, fünf, vier, drei, zwei, eins. Vielen Dank!"

Kinder und auch Jugendliche nehmen Aufmerksamkeitszeichen besser an als man meinen möchte. Am besten beginnt man gleich in der ersten Stunde damit, so dass sich dieses Ritual selbstverständlich etabliert. Die Erfahrung hat gezeigt, dass die Kinder etwa nach einem halben Jahr das Leisezeichen von sich aus machen, wenn es ihnen zu laut ist.

Ignorieren mit positivem Modell

Diese Methode eignet sich gut als Alternative zu Ermahnungen. Letztere führen in der Regeln nicht dazu, dass das Kind das kritisierte Verhalten unterlässt. Ermahnungen lenken vielmehr die Aufmerksamkeit auf unerwünschtes Verhalten und verstärken es. Oft eskaliert die Situation dann und man arbeitet sich an unnötigen Diskussionen ab.

Eine typische Situation:
Jonas fummelt mit Sammelkarten herum und stört dadurch sich und andere.
Lehrkraft: „Jonas, leg die Karten weg!"
Jonas hält die Karten unter den Tisch: „Welche Karten?"
Lehrkraft: „Die in deiner Hand: Pack sie in deine Schultasche!"
Jonas: „Die sind nicht von mir."
Lehrkraft: „Pack sie trotzdem weg!"
Jonas: „Die muss ich zurückgeben."
Lehrkraft: „Von wem sind sie denn?"
Jonas: „Von Max."
Lehrkraft: „Dann gib sie Max."
Jonas: „Aber wir wollen tauschen."
Lehrkraft: „Das könnt ihr in der Pause machen. Pack sie jetzt weg."
Jonas: „Ich guck noch schnell durch."
Lehrkraft: „Jonas, pack sofort die Karten weg!"
Jonas: „Ja, gleich."
Jonas steht auf.
Lehrkraft: „Was rennst du denn jetzt auch noch rum?!"

Jonas: „Ich sollte die Karten doch Max geben!“
Lehrkraft: „Gibt mir sofort die Karten!“
Max: „Das ist gemein, das sind meine!“ ...
Jeder, der mit Kindern arbeitet, kennt solche Dialoge. Jeder weiß, dass sie nichts bewirken.

Beim Ignorieren mit positivem Modell nimmt die Lehrkraft sehr wohl wahr, dass einige Kinder noch nicht bei der Sache sind. Sie ignoriert dies aber und stellt stattdessen die anderen Kinder als positives Modell hervor:

Die Lehrkraft sagt: „Zwanzig Kinder sitzen an ihrem Platz und hören mir schon aufmerksam zu.“ Anna und Lilly hören auf zu quatschen. „Jetzt hören mir schon zweiundzwanzig Kinder zu. Super!“ Jonas, der wie alle Kinder auch gerne gelobt wird, läuft noch schnell zu Max, gibt ihm die Karten und flitzt auf seinen Platz zurück. Er schaut die Lehrkraft erwartungsvoll an. Lehrkraft (ohne jede Ironie): „Jetzt sitzen alle dreiundzwanzig Kinder auf ihrem Platz und hören mir zu. Wunderbar! Wir können starten.“

Das Ignorieren mit positivem Modell ist eine Methode, die die Nerven der Lehrkraft schont, und die erheblich besser funktioniert als man denkt. Sie wirkt sich absolut positiv auf das Klassenklima aus, weil viel weniger ermahnt und geschimpft wird.

Selbstverständlich gibt es in der Arbeit mit Kindern auch Situationen, in denen das Ignorieren mit positivem Modell nicht ausreicht. Hier müssen andere Absprachen getroffen werden (z. B. das Time-out, S.28).

Das Loben

Das Loben ist die einfachste und wirkungsvollste Methode der Verhaltensänderung. Man lobt das Kind für erwünschtes Verhalten und signalisiert ihm somit, dass es sich richtig verhält. Durch die Aufmerksamkeit wird das Verhalten verstärkt, d.h. das Kind wird das gelobte Verhalten wieder zeigen.

In der Psychologie weiß man:
Ein Verhalten, dem man Aufmerksamkeit schenkt, wird in der Regel wiederholt.
Das gilt leider auch für negative Aufmerksamkeit (Kritik, Strafe, etc.).

Loben kann man sich angewöhnen. Dadurch verändert sich der Blick auf das Kind: Man fokussiert sich auf sein positives Verhalten. Nach der Devise: *Catch them being good – erwisch’ sie, wenn sie etwas gut machen!* konzentriert man

sich auf das erwünschte Verhalten und reduziert dadurch das Problemverhalten von Kindern und Jugendlichen.
Loben ist ein wichtiges Feedback, es vermittelt:
„Wenn du so weitermachst, bist du auf dem richtigen Weg."

Loben funktioniert dann am besten, wenn man

- *sofort lobt:* „Das war jetzt super! Klasse vorgelesen!"
- *konkretes Verhalten lobt:* „Ihr arbeitet gut zusammen und tauscht ganz prima die Materialien aus. Weiter so!"
- *authentisch lobt:* Manch einer lobt sehr überschwänglich „Spitzenklasse, super toll, ich freue mich riesig!" während andere eher etwas verhaltener ihre Anerkennung ausdrücken: „Ja. Gut gemacht." Beides ist richtig. Wichtig ist, dass man das Verhalten auch tatsächlich für lobenswert hält.
- *Belehrungen weglässt:* Man sollte Lob nicht mit pädagogischen Anmerkungen vermischen. Ein eingeschränktes Lob wirkt dann eher wie ein Tadel. Also lieber nicht so: „Heute hast du sehr gut gearbeitet, warum war das denn gestern so schwierig? Du kannst es doch?!"

Das Loben von Jugendlichen hat einige Tücken. Natürlich wollen auch Jugendliche gelobt werden, aber nicht so „wie die kleinen Kinder". Deswegen gibt man ihnen das Lob knapp und sachlich, man sagt auch *business-like*. „Ja, gut." oder „Richtig, danke." oder „Mir ist aufgefallen, dass du dich in letzter Zeit sehr anstrengst. Das freut mich." sind anerkennende Rückmeldungen, die zum Alter der Jugendlichen passen.
Man sollte immer darauf achten, Jugendliche durch das Loben nicht in eine für sie peinliche Situation zu bringen. Wenn man sie vor anderen lobt, darf man sie nicht zu lange anschauen. Sie denken dann, man erwarte eine Reaktion von ihnen. Am besten schaut man nach dem Lob woanders hin und nimmt sie somit wieder aus dem Fokus der Aufmerksamkeit. Ansonsten befürchten Jugendliche, andere könnten sie für Streber oder „Schleimer" halten.

Man bezeichnet Loben auch als *sozialen Verstärker*.

Punktepläne / Tokens

Manchmal reichen *soziale Verstärker* aber leider nicht aus. Dann hat sich der Einsatz von *materiellen Verstärkern* bewährt.

Der Großteil der Kinder ist bereit, für einen attraktiven Preis sein Verhalten zu verändern. Die Kinder bemühen sich, weil sie die Belohnung oder den Preis gewinnen wollen. Die Einsicht, dass die Verhaltensänderung auch für sie positiv ist, stellt sich manchmal ein.

Durch einen größeren Anreiz kann man es schaffen, das Kind zu motivieren, sein Verhalten zu ändern. Durch Ermahnungen und „Predigten" gelingt dies in der Regel nicht.

Das Training mit einem Punkteplan ist eine Sonderbehandlung. „Wenn nichts mehr geht," bekommt man so oft noch einen Zugang zum Kind und schafft eine Bereitschaft, es doch noch mal zu versuchen.

Man stellt verschiedene attraktive Belohnungen in Aussicht und vereinbart, welches Verhalten man erwartet, damit das Kind die Belohnung gewinnen kann. Dann gibt man sogenannte Tokens oder Punkte für das richtige Verhalten. Die Tokens oder Punkte werden auf einem Punkteplan (s. Seite 26 und 27) gesammelt. Kinder tragen ausgesprochen gerne Punkte auf ihre Pläne ein und freuen sich über ihren Fortschritt.
Die Tokens sind ein Ersatzverstärker, sie haben belohnenden Charakter. Sie funktionieren wie eine Art Währung, mit der man das eigentlich Erwünschte einkaufen kann.

Welche Belohnungen attraktiv für die Kinder sind, deckt sich manchmal nicht mit dem, was man selber für „pädagogisch wertvoll" hält. Auch hier sollte man für sich abwägen, was man anbieten möchte. Attraktive Preise sind Scherzartikel, Wasserpistolen, Fanartikel, Sammelkarten, Mützen, elektronische Spielsachen, Flummies ...
Man kann auch Spielzeit als Preis aussetzen, z. B. zehn Minuten Kicker oder Spielkonsole.

Eine goldene Kiste mit Preisen, wie sie ein Kinderherz begehrt.

Fairnesspreis

Eine besondere Belohnung ist der Fairnesspreis. Wenn der Lehrkraft auffällt, dass sich ein Kind oder auch eine Gruppe besonders fair verhalten hat, vergibt sie einen Fairnesspreis.

Die Lehrkraft sensibilisiert sich selbst darauf, wann die Kinder sozial und fair agieren. Wenn z.B. ein Kind einem anderen hilft oder sich über dessen Erfolg (z.B. beim Spiel) freut oder wenn eine Gruppe auf ein einzelnes Kind besondere Rücksicht nimmt, so sind dies Verhaltensweisen, die man besonders beachten sollte und auch betonen darf.

Die Lehrkraft kann Zusatzpunkte für den Punkteplan, eine Belohnung oder einen Extrapreis vergeben.

Punkteplan 1

Punkteplan 2

Time-out / Auszeitmethode

Es gibt Momente, in denen ein Kind sich in der Gruppe nicht mehr angemessen verhalten kann. Dann macht es Sinn, diesem Kind eine Auszeit zu geben, es also vorübergehend aus der Gruppe zu nehmen. Man sagt, das Kind bekommt ein *Time-out*. Das Time-out soll dazu dienen, dass das Kind sich beruhigen und im Anschluss wieder am Gruppengeschehen teilnehmen kann.

Es kommt immer wieder vor, dass ein Kind durch sein Verhalten die anderen so stört, dass man nicht weiterarbeiten kann. Um dem Kind die Möglichkeit zu geben, sein Verhalten wieder in den Griff zu kriegen, wird das Kind erst nach zwei Verwarnungen aus der Situation geschickt. Es erhält, ähnlich wie beim Fußball, zunächst (zweimal) die gelbe Karte, bevor es bei der roten Karte vom Platz muss.

Zeigt das Kind ein Verhalten, das nicht toleriert werden kann, erklärt die Lehrkraft ihm kurz, was das Time-out ist und dass nun das Time-out für es gilt. Das Kind erhält ein Signal durch die Lehrkraft, sie zeigt z. B. mit dem Daumen die erste Verwarnung „Eins“ an oder sie zeigt ihm die erste „gelbe Karte.“ Es wird keine weitere Begründung gegeben und man lässt sich auch auf keine Diskussionen ein. Das Kind weiß normalerweise genau, wofür es die Verwarnung erhält. Nun kann es sich entscheiden, ob es das Störverhalten bleiben lässt oder ob es weitermacht.
Tritt das Verhalten wieder auf, erhält das Kind die „Zwei“ oder die zweite „gelbe Karte.“ Jetzt weiß es, dass es beim nächsten Stören aus der Situation muss. Die meisten Kinder regulieren spätestens jetzt ihr Verhalten so, dass sie bleiben können.
Stört das Kind aber trotz der beiden Verwarnungen erneut, so bekommt es nun die „Drei“ oder die „rote Karte“, es tritt also die Auszeit in Kraft. Das Kind muss die Situation verlassen und sich beruhigen. Wenn es sich beruhigt hat und meint, wieder am Geschehen teilnehmen zu können, darf es wieder mitmachen. Wenn es nun aber wieder stört, also eine vierte Verwarnung bekommt, endet die Stunde für das Kind und es muss bis zum Schluss raus.

Um das Time-out sinnvoll einzusetzen, sollte man Folgendes beachten:

- erst mit dem Time-out beginnen, wenn es nötig ist
- das Time-out als Hilfe für das Kind verstehen, damit es sein Verhalten regulieren kann
- bei der Vergabe der Verwarnungen ruhig und sachlich bleiben
- Diskussionen vermeiden
- darauf vorbereitet sein, dass man das Kind auch tatsächlich aus der Situation schicken kann und das Time-out durchsetzen, evtl. mit Hilfe einer weiteren Lehrkraft
- ggf. dem Kind vorgeben, wie lange es draußen bleiben muss

Das Time-out sollte nur dann eingesetzt werden, wenn die anderen Methoden, die sich auf das positive Verhalten der Kinder konzentrieren, nicht ausreichen. Das Ziel ist – nicht nur beim Sozialen Lernen – dass das Kind in der Gruppe bleiben kann und ein besseres Miteinander entsteht. Dies kann nicht erfolgen, wenn das Kind überwiegend nicht an den Gruppenaktivitäten teilnimmt, weil es immerzu vor der Tür steht.

Die goldene Regel von Virginia Satir sagt: *Nach einer Strafe muss man vier Mal loben!*
Hat man einem Kind eine Auszeit gegeben, ist es nun Aufgabe der Lehrkraft, das Kind, wenn es sich beruhigt hat und in die Klasse zurückgekommen ist, vier Mal zu loben. Die Lehrkraft wendet sich dem Kind wieder freundlich zu und ermöglicht es ihm so, seine positiven Verhaltensweisen zu trainieren.

Materialien

Die meisten Übungen benötigen keine oder kaum Materialien. Man kann die Übungen einfach in der Schulklasse umsetzen und benutzt, was ohnehin in jeder Klasse vorhanden ist:
Stühle, Stifte zum Schreiben und zum Malen, Kleber, Papier.

Es hat sich bewährt, einen Utensilienkoffer anzulegen und diesen zu bestücken. So können ohne große Vorbereitung jederzeit Spiele und Übungen umgesetzt werden.
Der Utensilienkoffer sollte enthalten:

- Büroklammern
- Reißzwecken
- Stecknadeln
- Sicherheitsnadeln
- Nähzeug
- Wäscheklammern
- Faden
- Schnur
- 2 Seile
- 2 Trillerpfeifen
- Klebeband
- Malerkrepp
- Klebstoff
- Stifte
- Karteikarten
- Würfel
- Tischtennisbälle
- 2 Tücher
- Papier
- Kreide
- Scheren

Für einige Übungen, bei denen ein Bild gemalt wird, benötigt man Wasserfarben und Pinsel und am besten DIN A3 Blätter.

Der Utensilienkoffer hat sich sehr bei Klassenfahrten bewährt.

Übungen

1. **Regeln:**
   Spiele zum Einüben von Regeln und Strukturen

2. **Kennenlernen:**
   Übungen zum Kennenlernen, Beobachten und Zuhören

3. **Kooperation:**
   Übungen zur Förderung von Zusammenarbeit

4. **Aggression:**
   Spiele zum Spannungsabbau und Übungen zum Umgang mit Aggressionen

5. **Feedback:**
   Übungen zum Geben von Rückmeldung und Kritik

6. **Emotionen:**
   Malexperimente / Übungen zur Förderung der Emotionalität

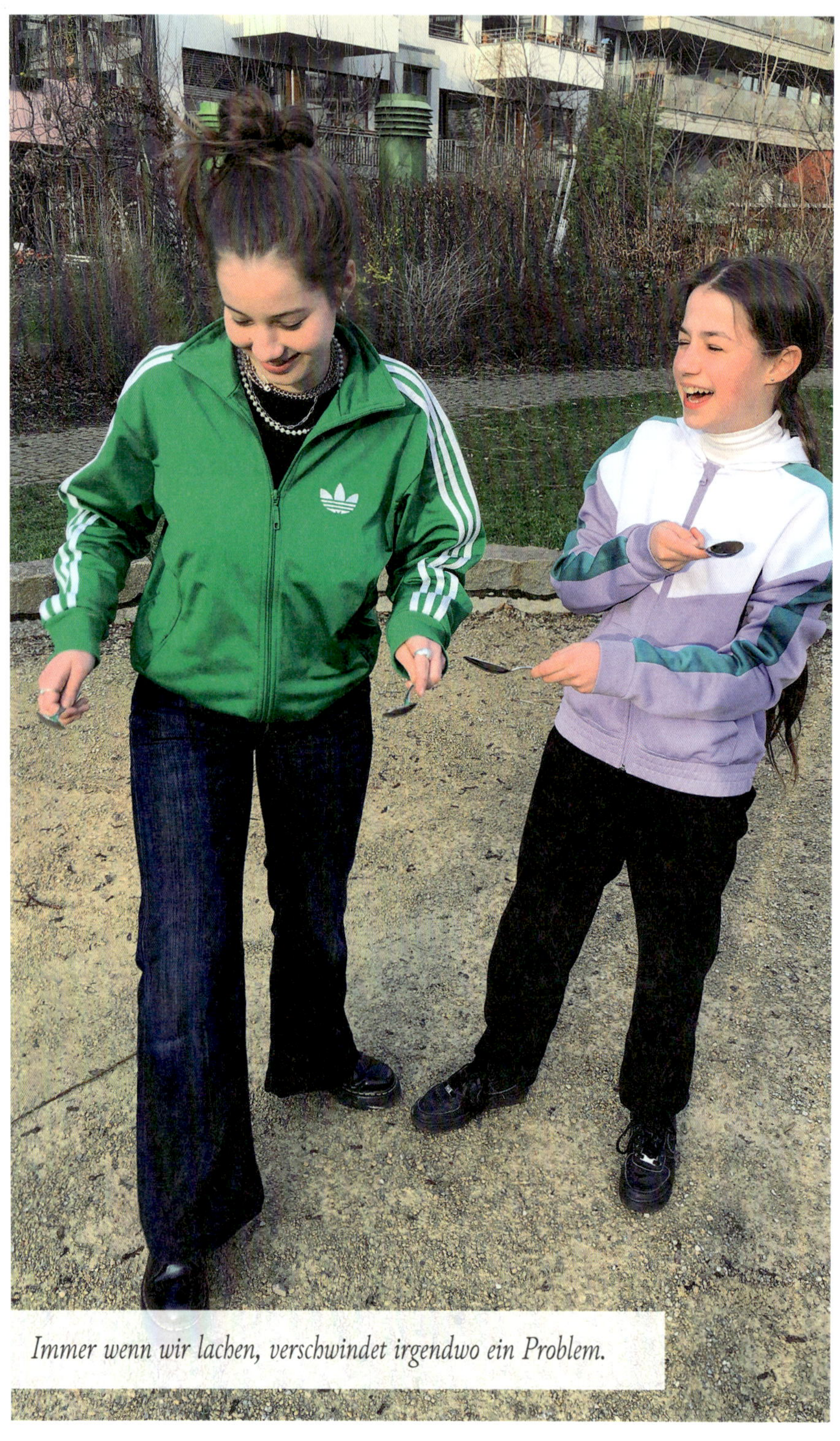

Immer wenn wir lachen, verschwindet irgendwo ein Problem.

TOP TEN der besten Spiele und Übungen zum Sozialen Lernen (für Kinder und Jugendliche)

Für Kinder:

	Name der Übung	Trainierter Bereich	Seite
1.	Schattenboxen	Spannungsabbau	127
2.	Lehmann sagt	Regellernen	39
3.	Friedensdose	Konfliktlösung	160
4.	Kämpfen mit Regeln	Umgang mit Aggression	144
5.	Der Zauberladen	Selbstakzeptanz	201
6.	Bierdeckelschlacht	Spannungsabbau	128
7.	Der Rosenbusch	Selbstakzeptanz	191
8.	Verabredung	Geben von Feedback	178
9.	Rückendrücken	Spannungsabbau	142
10.	Kluge und dumme Gedanken	Rationales Denken	212

Für Jugendliche:

	Name der Übung	Trainierter Bereich	Seite
1.	Eierauffangmaschine	Kooperation	105
2.	Lebende Mühle	Kooperation	101
3.	Zeitungsabschlagen	Umgang mit Aggression	131
4.	Luftballonstechen	Kooperation	106
5.	Klopftelegramm	Regellernen	59
6.	Mein Porträt / Meine Welt	Selbstreflexion	187
7.	Interview mit Pfiff	Kennenlernen	75
8.	Meine Wut	Emotionalität	194
9.	Ich kann Kritik ertragen	Kritikfähigkeit	166
10.	Namen-Kreuzwort	Kennenlernen	66

Spielen ist eine Tätigkeit, die man gar nicht ernst genug nehmen kann.

1. Regeln: Spiele zum Einüben von Regeln und Strukturen

Frau B. ist Klassenlehrerin eines ersten Schuljahres. Am Einschulungstag begrüßt sie ihre neuen Schüler. Die Kinder schauen sie erwartungsvoll an. Sie sind ungeduldig und wollen endlich mit dem Unterricht beginnen, schließlich gehören sie jetzt zu den „Großen". Es ist mucksmäuschenstill und jeder hält sich an die Regeln. „Genieß es!", sagt sich Frau B. „Wer weiß, wie es in zwei Wochen sein wird ..."

Bei der Einschulung sind alle Kinder motiviert. Sie kommen gerne in die Schule und sind gespannt auf das, was kommt. In der ersten Stunde haben sie keine Schwierigkeiten, sich an Regeln zu halten. Alles, was die Lehrkraft sagt, wird aufgesaugt. Gleiches gilt in der ersten Trainings- bzw. Therapiestunde.

Als Psychologen kennen wir das. Meistens kommen Eltern zu uns, deren Kinder als sehr wild, ungesteuert und schwierig gelten. Im Einzelkontakt stellen sich besonders diese Kinder aber als völlig unproblematisch dar: Sie sind sehr nett, freundlich und beantworten alle Fragen gerne und wahrheitsgemäß. Sie sind allgemein sehr redselig und aufgeschlossen.

Wissenschaftler nennen das den „Doctor's Office"-Effekt. Er beschreibt das Phänomen, dass sich auch unruhige Kinder sehr wohl an Regeln halten können, wenn sie etwas interessant finden oder sie unsicher sind. Eltern kennen das vom Zahnarzt: Hier benimmt sich auch der Zappelphilipp.

Der Alltag eines Kindes kann aber nicht immer spannend und überraschend sein. Im Laufe der Schulzeit muss jedes Kind lernen, längere Phasen stillzusitzen, sich leise zu melden und konzentriert zu arbeiten, auch wenn es einmal uninteressant ist.

Typische Regeln und Verhaltensweisen, die für ein Schulkind wichtig sind:

- das Leisezeichen praktizieren
- sich leise melden können
- eine Zeitlang auf dem Stuhl sitzen bleiben
- denjenigen anschauen, der etwas sagt
- abwarten bis man an der Reihe ist
- verlieren können
- sich für andere freuen

All diese Verhaltensweisen gehören zum Sozialen Lernen. Kinder, die diese Regeln beherrschen, kommen in der Schule meist gut zurecht. Unruhige Kinder haben damit oft Schwierigkeiten. Sie müssen Regeln einüben.

In der ersten Woche stellt Frau B. zusammen mit ihren Schülern ein Regelinventar auf. Sie schreibt es auf und hängt die Regeln direkt neben die Tafel. Sie haben vier Regeln erarbeitet:

1. *Ich melde mich leise.*
2. *Ich sitze ruhig auf meinem Stuhl und renne nicht in der Klasse umher.*
3. *Ich mache das Leisezeichen, wenn es zu laut wird.*
4. *Ich gehe freundlich mit den anderen um.*

Justin hatte schon im Kindergarten Schwierigkeiten damit, Regeln zu beachten. Nachdem nun eine Woche vergangen ist, zeigt er diese Probleme auch in der Schule. Besonders schwer fällt es ihm, sich leise zu melden. Sein Kindergarten hat darauf nicht so viel Wert gelegt.

Ermahnungen und Appelle an die Einsicht haben bei Kindern und Jugendlichen oft nicht den erhofften Erfolg. Im Gegensatz dazu trainieren Kinder bei Regelspielen problemlos wichtige Abläufe und Regeln. Die Übungen sind spannend und Kinder / Jugendliche halten sich an die Vorgaben. Somit machen Regelspiele für Kinder und Jugendliche das Erlernen von notwendigen Verhaltensweisen attraktiv. Der Spielleiter muss sie nicht daran erinnern oder ermahnen. Spielerisch lernt die Mehrzahl der Kinder / Jugendlichen viel lieber. Sie haben mit solchen Übungen kaum Probleme und legen dabei selbst sehr viel Wert darauf, dass die Regeln eingehalten werden.

Regelspiele haben zusätzlich die Aufgabe, Kinder zu motivieren, ihnen Spaß zu machen, zu ermöglichen, dass gelacht wird, sich zu freuen, wenn man selbst oder ein anderes Kind gewinnt, sich Spielpartner auszusuchen.

Die ausgewählten Regelspiele gehören zu den attraktivsten und beliebtesten Spielen.
Sie trainieren die Kinder und Jugendlichen in ihrer Fähigkeit:

- Regeln zu akzeptieren und anzuwenden
- abzuwarten
- andere zu beobachten
- anderen zuzuhören
- Grenzen einzuhalten
- Rücksicht zu nehmen
- Spannungen abzubauen
- verlieren zu können

Am Anfang der nächsten Stunde beginnt Frau B. mit einem der beliebtesten Regelspiele: Japanisch Knobeln. Nach der Erläuterung fragt sie, wer spielen möchte. Justin ist hellauf begeistert. Er ruft laut: „Ich, ich!“ Frau B. ermahnt ihn nicht, sondern gibt den Hinweis: „Wer sich leise melden kann, darf spielen!“ Sofort reißt sich Justin zusammen und meldet sich vorbildlich. Frau B. nimmt ihn dran. „Der erste Schritt ist getan …“, denkt Frau B.

Lehmann sagt: „Arme hoch!“

 Schulkinder  **geeignet**

 Jugendliche  **bedingt geeignet**

Lehmann sagt

Alter	Anzahl der Spieler	Dauer	Materialien
ab 6 Jahren	beliebig	5–10 Minuten	–

Fördert

Beobachtungsfähigkeit, Konzentration, Merkfähigkeit, Regellernen, Spannungsabbau, Zuhören

Beschreibung

Die Mitspieler sitzen an ihren Plätzen oder im Kreis.
Es gibt drei Kommandos:
„Lehmann sagt: Daumen wickel-wackel." Dabei drücken alle mit den Daumen auf die Oberschenkel und wackeln mit ihnen auf dem jeweiligen Oberschenkel hin und her.
„Lehmann sagt: Daumen hoch." Alle strecken ihre Arme nach oben und halten die Daumen dabei in die Luft.
„Lehmann sagt: Daumen tief." Die Arme und Daumen zeigen nach unten.
In einer Proberunde übt die Gruppe die Kommandos ein.
Danach wird es ernst: Der Spielleiter gibt die Kommandos und die Mitspieler führen sie aus.
Manchmal lässt er die Formel *Lehmann sagt* weg. In diesen Fällen dürfen die Mitspieler das Kommando nicht ausführen. Tun sie es doch, scheiden sie aus.
Der Spielleiter macht natürlich bei jedem Kommando – egal ob mit *Lehmann sagt* oder ohne – die Bewegungen. Wer am Schluss übrig bleibt, hat gewonnen.

Varianten

„Lehmann sagt – sportlich!"
Hier gibt es wieder drei Kommandos:
„Lehmann sagt: Sitz' auf dem Stuhl."
„Lehmann sagt: Steh' vor dem Stuhl."
„Lehmann sagt: Steh' auf dem Stuhl."
Diese Variante erfreut sich bei den Kindern hoher Beliebtheit. Für die Anleiter ist sie sehr anstrengend, da jedes Kommando vorgemacht werden muss. Schuhe sollten auf jeden Fall ausgezogen werden.

Auswertung

–

Hinweise

In diesem Spiel trainieren Kinder das genaue Hinschauen und Hinhören. *Lehmann sagt* übt dies auf spielerische Art und Weise. Dies ist umso wichtiger, da besonders überaktive und motorisch unruhige Kinder Kommandos nur dann wahrnehmen, wenn sie Blickkontakt halten. Beim Spiel sind sie motiviert und achten zunächst sehr darauf, was der Anleiter macht. So unterlaufen ihnen aber eher Fehler. Im nächsten Schritt beobachten sie den Anleiter nicht mehr. Sie fixieren sich auf die Stimme und führen das aus, was gesagt wird. Für die Schule ist dies eine wichtige Fähigkeit: Ein Kommando wahrzunehmen, auch wenn die Lehrkraft nicht im Blickfeld ist.

Untersuchungen haben festgestellt, dass überaktive Kinder und Jugendliche nur sehr kurz Blickkontakt aufnehmen. Hiernach schauen sie den Erwachsenen im Durchschnitt lediglich fünf Sekunden an. In dieser Zeit kann der Erwachsene ein Kommando geben und es wird von ihnen verarbeitet. Längeren Anweisungen können sie nur schwer folgen. Die Empfehlung der Autoren lautet, Anweisungen bei unkonzentrierten, motorisch unruhigen Kindern und Jugendlichen kurz zu halten. Praktisch heißt das, sie dürfen nicht länger als fünf Wörter sein:

z. B.: *„Nimm bitte dein Heft heraus!“* statt
„Könntest du jetzt bitte, so wie die anderen Kinder auch, dein Heft herausholen!“

oder: *„Bitte auf den Stuhl setzen!“* statt
„Wie wäre es, wenn du dich jetzt auch endlich auf den Stuhl setzen könntest?“

Schulkinder  **geeignet**

Jugendliche  **geeignet**

Japanisch Knobeln

Alter	Anzahl der Spieler	Dauer	Materialien
ab 6 Jahren	beliebig	5–10 Minuten	evtl. eine kleine Belohnung (Lolli oder einmal Hausaufgabenfrei)

Fördert

Beobachtungsfähigkeit, Konzentration, Kreativität, Spannungsabbau

Beschreibung

Zwei Teilnehmer knobeln vor der Gruppe.
Es gibt drei mögliche Figuren, die pantomimisch vorgeführt werden:

Löwe: Der Spieler faucht und hält dabei die Hände wie zwei Tatzen vor das Gesicht.
Jäger: Er hält ein Gewehr im Anschlag.
Oma: Sie geht auf einen Stock gebückt und hält sich dabei das Kreuz.

Das Knobeln erfolgt in drei Schritten, der Anleiter gibt die Kommandos.

1. *„Verbeugen!“* Die Spieler stehen sich gegenüber, verschränken die Arme und verbeugen sich voreinander.
2. *„Drehen!“* Die Spieler drehen sich einmal um die eigene Achse. In dieser Zeit müssen sie sich für eine Figur entscheiden.
3. *„Spiel!“* Die Spieler stellen eine Figur dar.

Trifft der Löwe auf die Oma, gewinnt der Löwe. Trifft der Jäger auf den Löwen, erschießt er ihn. Trifft der Jäger auf die Oma, siegt die Oma, weil sie den Jäger mit dem Krückstock verjagt. Außerdem ist jedem Kind klar, dass die Oma nicht erschossen wird. Bei zwei gleichen Figuren wird wiederholt.
Der jeweilige Gewinner bleibt im Spiel und fordert einen anderen Spieler auf.
Wer dreimal gewinnt, erhält eine kleine Belohnung.

Varianten

Bei älteren Kindern und bei Jugendlichen hat sich folgende Variante bewährt: Zwei Gruppen spielen gegeneinander. Jede Gruppe bestimmt je einen Vertreter, die gegeneinander spielen. Die Gruppe entscheidet flüsternd, welche Figur der jeweilige Vertreter spielen soll. Daraufhin spielen die beiden vor der Gruppe, so wie oben beschrieben. Der Gewinner erhält einen Punkt für die eigene Mannschaft.

Auch ein freundlicher Löwe gewinnt gegen die Oma.

Und der Jäger gewinnt gegen den Löwen.

Auswertung

Wie gut konntest du damit umgehen, zu gewinnen / zu verlieren?
Welche Figuren hast du gewählt?
Hast du eine Taktik verwendet?
Wie gut ist es euch gelungen, einen Vertreter und eine gemeinsame Figur zu wählen (Variante)?

Hinweise

Japanisch Knobeln ist sehr gut geeignet, um regelhafte Abläufe einzutrainieren. Die Dreierstruktur, die sich im Japanisch Knobeln wiederfindet (Verbeugen, Drehen, Spielen), ist typisch für den Schulalltag. In diesem Spiel wird diese Dreierstruktur spielerisch eingeübt. Für jüngere und impulsive Kinder ist es eine Hilfe, diese Struktur verbal zu unterstützen. Das heißt, der Spielleiter gibt jeweils das Kommando: *Verbeugen* (die Kinder verschränken die Arme und verbeugen sich voreinander), *Drehen* (die Kinder drehen sich einmal um die eigenen Achse), *Spielen* (die Kinder spielen die Figur). Im Einhalten dieser Struktur ist es wichtig, sie auch einzufordern, das heißt, ein Kind darf auch erst seine Figur spielen, wenn der Anleiter es gesagt hat.

Spiegelspiel

Alter	Anzahl der Spieler	Dauer	Materialien
ab 8 Jahren	beliebig	10–15 Minuten	ein Tuch oder ein Lolli

Fördert

Einhalten von Grenzen, Fantasie, Kreativität, Regellernen, Spannungsabbau

Beschreibung

Zwei Spieler stehen sich direkt gegenüber. Zwischen ihnen liegt ein Tuch. Nun beginnt der eine Spieler, Bewegungen zu machen. Diese müssen vom anderen Spieler nachgespielt werden. Er ist das Spiegelbild. Irgendwann ergreift das vorspielende Kind / der vorspielende Jugendliche das Tuch und läuft zu einem Mal. Das kann ein Stuhl in geeigneter Entfernung sein. Das Spiegelbild versucht, den ersten Spieler abzuschlagen. Schafft es dies, gewinnt es und bleibt im Spiel.

Auch Jugendliche spielen gerne das Spiegelspiel.

Schafft es dies nicht und erreicht der Vorspieler als Erster das Mal, so muss das Spiegelbild sich wieder setzen und der Vorspieler bleibt im Spiel.

Nach drei gewonnenen Durchgängen erhält der Spieler z.B. einen Lolli.

Varianten

Anstelle des Tuchs liegt ein Lolli zwischen den Spielern.

Auswertung

Wie war das Spiel für dich?
Hast du einen besonderen Trick angewendet?
Konntest du bei anderen besondere Techniken beobachten, die erfolgreich waren?

Hinweise

Man sollte immer die Kinder selbst entscheiden lassen, wer vor- und wer nachspielt und sich nicht in diesen Entscheidungsprozess einmischen. Solche Entscheidungen zu treffen ist Bestandteil des Sozialen Lernens. Viele entscheiden mit Hilfe des Spiels *Schere, Stein, Papier*. Dies ist völlig in Ordnung.

Bei Kindern zählt dies zu den absolut beliebtesten Spielen. Auch Jugendliche führen es gerne durch. Da kann es aber manchmal zu Problemen kommen. Diese haben nichts mit dem Spiel an sich zu tun. Jugendlichen ist es manchmal peinlich, alleine vor der Gruppe zu agieren. Deshalb empfiehlt es sich, das Spiegelspiel erst dann einzusetzen, wenn sich die Gruppe besser kennt.

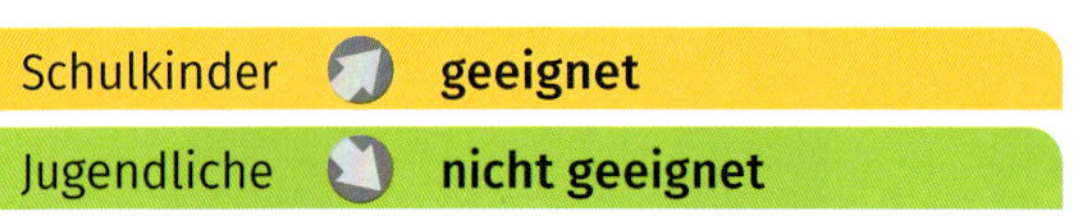

Pferderennen

Alter	Anzahl der Spieler	Dauer	Materialien
ab 6 Jahren	beliebig (mindestens 6)	10–15 Minuten	–

Fördert

Einhalten von Grenzen, Kontaktverhalten, Kooperation, Regellernen, Rücksichtnahme, Spannungsabbau

Beschreibung

Die ganze Gruppe kniet sich in einem engen Kreis auf den Boden. Der Spielleiter gibt die Anweisung, Kommandos und Bewegungen nachzumachen.
Er beschreibt, wie hunderte von Menschen auf den Tribünen sitzen und den Beginn des Rennens mit Spannung erwarten. Dann geht es los:
„Die Pferde sind nervös und warten noch in der Startbox. Dabei scharren sie mit den Hufen über die Erde." (Alle scharren mit ihren Händen auf den Knien.) *„Plötzlich kommt der Startschuss und die Pferde rennen los."* (Jeder trommelt mit seinen Händen auf die Oberschenkel.) *„Nach ein paar Metern sehen sie bereits das erste Hindernis. Die Pferde setzen zum Sprung an und hüpfen darüber."* (Spielleiter und Mitspieler deuten mit den Händen an, über ein Hindernis zu springen.) *„Es geht weiter."* (Alle trommeln wieder auf die Oberschenkel.) *„Und da kommt die erste Rechtskurve."* (Der Kreis beugt sich nach rechts ...) *„Und sofort eine Linkskurve."* (... und gleich darauf nach links.) *„Die Pferde kommen nicht zur Ruhe, denn da ist schon der gefürchtete Wassergraben,..."* (Alle klatschen mit den Händen auf den Fußboden und machen dabei schmatzende Geräusche.) *„... gefolgt von der morschen Holzbrücke."* (Jeder trommelt sich mit den Fäusten auf die Brust.) *„Dahinter sitzt die erste jubelnde Fangemeinde: Die Frauentribüne."* (Die Gruppe wedelt mit den Armen über den Kopf und johlt dabei schrill.) *„Und dann die zweite Fangemeinde: Die Männertribüne."* (Johlen mit tiefer Stimme.) *„Jetzt gleich haben es die Pferde geschafft: Die Zielgerade ist vor Augen und sie werden immer schneller, ..."* (Schnelleres Trommeln auf den Oberschenkeln.) *„... laufen durch das Ziel und stellen sich zum Siegerfoto auf."* (Die Kinder erstarren, schauen in eine fiktive Kamera und sagen *„Cheeeeese!"*)

Varianten

–

Auswertung

Wie war die Übung für dich?
Gab es Konflikte?
Wie war es für dich, so eng beieinander zu sitzen?

Hinweise

Das Spiel lebt durch die Anleitung. Der Spielleiter beschreibt die Situation besonders spannend und muss die Mitspieler für das Pferderennen begeistern.
Die Kinder üben sich im genauen Beobachten und Hinhören. Bei den Kurven müssen sie gut kooperieren, damit niemand aus der Balance gerät.
Kinder mit Schwierigkeiten im Bereich Aggression können es nur schwer ertragen, mit anderen nah beieinander zu sitzen. Sie brauchen ihren Platz. Hier lernen sie, solche Situationen auszuhalten.

  **geeignet**

  **bedingt geeignet**

Besen und Flasche

Alter	Anzahl der Spieler	Dauer	Materialien
ab 8 Jahren	2 vor der Gruppe	3–5 Minuten	ein Besen, eine leere Flasche

Fördert

Einhalten von Grenzen, Kooperation, Kreativität, Regellernen, Rücksichtnahme, Spannungsabbau

Beschreibung

Zwei Spieler knien hintereinander. Zwischen den Beinen halten sie einen Besenstiel. Vor dem vorderen Spieler, der den Besenstiel *oben* gepackt hält, steht eine leere Flasche. Durch Stoßen mit dem Besen versucht der hintere Spieler die Flasche zum Umfallen zu bekommen. Schafft er es, hat er gewonnen. Indes bemüht sich der vordere Spieler dies zu verhindern. Ist nach einer bestimmten Zeit die Runde um und die Flasche steht noch, hat der vordere gewonnen.

Varianten

–

Auswertung

Wie war das Spiel für dich?
Wie ist es dir gelungen, die Flasche umzustoßen?

Hinweise

In der Regel wird bei diesem Spiel viel Kraft eingesetzt. Die Schwächeren spielen es sehr gerne, da sie die Kraft durch Geschicklichkeit kompensieren können.

  **geeignet**

  **nicht geeignet**

Hund und Knochen

Alter	Anzahl der Spieler	Dauer	Materialien
ab 6 Jahren	beliebig	10 Minuten	ein Tuch zum Verbinden der Augen oder eine Kapuze

Fördert

Konzentration, Kreativität

Beschreibung

Der Hund sitzt mit verbundenen Augen in der Mitte des Kreises auf einem Stuhl. Unter dem Stuhl liegt ein „Knochen". Dieser kann ein Lolli, ein Streifen Schokolade oder Ähnliches sein. Da der Hund sehr geräuschempfindlich und gefährlich ist, müssen alle Teilnehmer des Spiels absolute Ruhe bewahren. Nun deutet der Spielleiter auf ein Kind. Dieses versucht, sich an den Hund heranzuschleichen und den Knochen unter dem Stuhl wegzunehmen. Gelingt es ihm, kann es die Belohnung behalten. In der nächsten Runde wird dieses Kind zum nächsten Hund.

Wird der Hund aber wach, das heißt, er hört ein Geräusch und deutet mit dem Finger in die richtige Richtung, ertappt der Hund den „Dieb". Dieser muss sich nun auf den Boden setzen und dort, wo er ertappt wurde, verweilen. Für die nächsten Spieler wird er zum Hindernis. So wird es von Mal zu Mal schwieriger, den Hund zu erreichen.

Varianten

Man kann dieses Spiel auch ohne Lolli oder Ähnliches spielen. Es hat dann aber nicht denselben Anreiz.

Auswertung

Wie war das Spiel für dich?
Hast du eine besondere Taktik verwendet, um dich heranzuschleichen?
Hat die Gruppe es gut geschafft, leise zu sein?
Was hat dir dabei geholfen, selbst ruhig sein zu können?
Was fiel schwer?

Hinweise

Der Kreis um den Hund sollte möglichst groß sein.
Da Kinder dieses Spiel sehr gerne durchführen, gilt hierbei die Regel: Wer sich leise meldet, kann den Hund oder einen Dieb spielen. So lernen Kinder auf einfache Art und Weise, sich leise zu melden.

Der Hund war schneller …

Schulkinder  **geeignet**

Jugendliche **nicht geeignet**

Dirigentenraten

Alter	Anzahl der Spieler	Dauer	Materialien
ab 6 Jahren	beliebig, aber mindestens 8 Spieler	15 Minuten	–

Fördert

Beobachtungsfähigkeit, Konzentration, Kreativität, Merkfähigkeit, Regellernen, Zuhören

Beschreibung

Ein Spieler verlässt kurz den Raum, damit die anderen einen Dirigenten bestimmen können. Aufgabe des Dirigenten ist es, pantomimisch vorzugeben, welches Instrument sein Orchester, also die anderen Spieler, spielen. Ändert der Dirigent das Instrument, müssen die anderen Spieler es ihm nachmachen.
Alle Kinder bilden gemeinsam einen Kreis. In der Mitte steht der Rater. Er beobachtet die Spieler und versucht den Dirigenten zu entdecken. Er hat drei Versuche.

Varianten

- Der König der Tiere, der Löwe, stellt pantomimisch Tiere dar und die anderen folgen seinem Beispiel.
- Ein „Mörder" wird bestimmt. Durch Zublinzeln kann er töten. Das Kind, dem er zublinzelt, muss sich sofort tot stellen. Von der Mitte aus versucht der Detektiv den Mörder auf frischer Tat zu ertappen.

Auswertung

Wie war die Übung für dich?
Was hat dir geholfen, den Dirigenten schnell zu finden?
Hast du einen Tipp für einen guten Dirigenten?

Hinweise:

Die Kinder stellen die Instrumente rein pantomimisch dar. Sie sollen lernen, eine gewisse Zeitlang still auf dem Stuhl sitzen zu können. Gleichzeitig haben sie die Möglichkeit, sich körperlich auszuagieren. Zusätzlich kann bei diesem Spiel eingeübt werden, dass Kinder, die sich leise melden, zum Dirigenten bzw. zum Rater werden können.
Beide Rollen sind sehr beliebt.
Um die Motivation etwas zu erhöhen, kann eine Belohnung in Aussicht gestellt werden, muss aber nicht. Das Spiel ist an sich sehr beliebt.

Luftgitarre …

Schulkinder **geeignet**

Jugendliche **geeignet**

Eigernordwand

Alter	Anzahl der Spieler	Dauer	Materialien
ab 10 Jahren	beliebig, Gruppen à 6 bis 12 Spieler	20 Minuten	Malerkrepp

Fördert

Einhalten von Grenzen, Konfliktlösung, Kooperation, Kreativität, Rücksichtnahme

Beschreibung

Die Spieler stellen sich vor, dass sie gemeinsam an der Eigernordwand klettern. Die Gefahr besteht darin, abzustürzen.
Die Eigernordwand ist eine beliebige Wand, an der alle Spieler nebeneinander Platz haben. Die Spieler stehen zunächst mit dem Gesicht zur Wand. Auf dem Boden vor der Wand wird ein schmaler Bereich markiert, z.B. mit Malerkrepp, in den die Spieler ihre Füße setzen können. Mit den Händen halten sie sich an der Wand fest. Setzt man einen Fuß außerhalb des markierten Bereichs auf, stürzt man ab. Die Spieler müssen nun die Plätze tauschen. Der Spielleiter gibt hierfür die Kommandos z.B. *„Nummer 2 tauscht den Platz mit Nummer 5.“ „Die Spieler reihen sich nach dem Alphabet auf.“* usw. *„Ein Junge soll immer neben einem Mädchen stehen.“*

Varianten

- Das Spiel kann auch als Staffel gespielt werden, bei der die Spieler sich neu aufreihen. Der Erste klettert an allen vorbei bis er an letzter Stelle steht. Der neue Erste klettert an allen vorbei, bis er an letzter Stelle steht, bis jeder wieder an seiner Ausgangsposition angekommen ist. Die Zeit wird gestoppt. Dieses Spiel ist besonders gut auch für den Sportunterricht oder das Psychomotorische Turnen geeignet. Die Spieler stehen auf einer umgedrehten Schwebebank an der Wand.
- Mehrere Gruppen spielen gegeneinander. Der Spielleiter gibt eine Zeit vor. In dieser Zeit werden verschiedene Aufgaben gestellt. Diejenige Gruppe hat gewonnen, die die wenigsten Mitspieler verliert, das heißt, bei der es am wenigsten Abstürze gab.

Auswertung:

Wie war das Spiel für dich?
Wie gut konntest du damit umgehen, dass andere Spieler dir körperlich sehr nahe kamen?

Wie habt ihr kniffelige Situationen gemeistert?
Was hat euch geholfen, was war eher hinderlich dabei, nicht abzustürzen?

Hinweise:

Man kommt sich bei diesem Spiel sehr nah. Dies sollte man beachten, wenn man *Eigernordwand* mit Jugendlichen spielt. Evtl. sollte man nur Mädchen- oder Jungenmannschaften bilden.

Schulkinder **geeignet**
Jugendliche **bedingt geeignet**

Löffelkönig

Alter	Anzahl der Spieler	Dauer	Materialien
ab 8 Jahren	10–15	5 Minuten	Löffel

Fördert

Beobachtungsfähigkeit, Einhalten von Grenzen, Konzentration, Kritikfähigkeit, Regellernen, Spannungsabbau, Zuhören

Beschreibung

Die Spieler knien sich in einem Kreis auf den Boden und verschränken die Arme hinter dem Rücken. In der Mitte des Kreises liegen strahlenförmig ausgebreitet die Löffel. Es ist ein Löffel weniger als Spieler.
Der Anleiter erzählt eine Geschichte und immer, wenn er das Wort *Löffel* erwähnt, müssen alle zugreifen. Wer keinen Löffel erwischt, scheidet aus.
Nach jeder Runde nimmt der Spielleiter einen Löffel weg.
Natürlich sollte die Geschichte auch Wörter enthalten, bei denen die Spieler das Wort *Löffel* vermuten (z.B. *Lötkolben, Löwe, Lösegeld, Löschung, Löcher,* usw.). Dadurch werden sie verwirrt, das Spiel wird spannender und bekommt einen zusätzlichen Reiz.

Geschichte für dreizehn Kinder mit zwölf Mal ***Löffel***:
„Stellt euch einmal vor: Ich habe eine riesige Sammlung von ***Löffeln****. Sie ist mein ganzer Stolz und tatsächlich hat sie mir schon bei so mancher* ***Lö****sung geholfen. Einmal, zum Beispiel, brannte unser Haus lichterloh. Alle Nachbarn wollten mithelfen, das Feuer zu* ***lö****schen. Selbst Herr* ***Löffler****, der sonst den ganzen Tag mit seinem Hasen* ***Löffel*** *beschäftigt ist, half. Aber niemand hatte Werkzeug*

zum Feuer ***lö****schen. Da kam Herr* ***Lö****we auf die Idee, mit einem großen* ***Löffel*** *meiner Sammlung Wasser zu schöpfen und so das* ***Lö****schwasser herbeizutragen. Und ich sage euch, ich habe wirklich besonders riesige* ***Löffel*** *aus Indien. Aber der* ***Lö****scheinsatz war immer noch in Gefahr: Denn das Feuer wurde größer und größer, was auch durch Herrn* ***Lö****wes Einsatz mit dem gigantischen* ***Löffel*** *nicht verhindert werden konnte. Aber dann kam mir die Idee: Ich holte vom Laden im Dorf, der wirklich alles hat, von* ***Löffel*** *bis Rasenmäher, eine* ***Lö****schdecke. Diese hatte zwar einige* ***Lö****cher, aber das war nicht schlimm. Wir legten sie immer wieder auf neue Brandherde und erstickten sie so. Stell dir vor, manchmal blieb die Decke nicht liegen, was sehr gefährlich war. Dann nahmen wir einfach die* ***Löffel*** *meiner Sammlung und* ***lö****sten das Problem wie folgt: Herr* ***Lö****we und ich steckten jeweils einen* ***Löffel*** *mit dem Stiel nach unten in jede Ecke der* ***Lö****schdecke. So blieb die Decke liegen und erstickte das Feuer. Zusammen schafften Herr* ***Lö****we und ich es mit unseren* ***Lö****schgeräten,* ***Löffeln*** *und der* ***Lö****schdecke, das große Feuer zu bezwingen. Aber leider brach dabei mein Lieblings-****Löffel*** *entzwei. Ich war sehr traurig darüber. Aber glücklicherweise war Herr* ***Lö****we ein begnadeter* ***Lö****ter. Er schnappte sich seinen* ***Lö****tkolben und reparierte meinen* ***Löffel*** *im Nu. Überglücklich umarmte ich ihn und sagte: „Puh, da haben wir aber Glück gehabt. Heute musste niemand den* ***Löffel*** *abgeben!“*

Varianten

Anstelle von Löffeln werden Lollis benutzt.

Auswertung

Wie war das Spiel für dich?
Konntest du gut damit umgehen, zu verlieren?
Gab es Konflikte?
Wie habt ihr das Problem gelöst, wenn zwei Spieler gleichzeitig einen Löffel hatten?

Hinweise

Das Spiel erfreut sich großer Beliebtheit.
Konflikte gibt es besonders dann, wenn zwei Spieler ein und denselben Löffel in der Hand halten. Hierbei darf man in den Konflikt nicht eingreifen. Die Spieler müssen – im Sinne des Sozialen Lernens – den Konflikt selbst lösen. In Gruppen mit sehr wilden Kindern haben wir festgestellt, dass eine Lösung nach dem Zufallsprinzip präferiert wird. In der Regel löst sich der Konflikt durch z. B. *Schere, Stein, Papier*. Das Ergebnis akzeptieren auch die Überaktiven.
Gibt ein Spieler von sich aus den Löffel an einen anderen Spieler weiter, so ist das eine gute Leistung. Sie kann durchaus zusätzlich belohnt werden (siehe z. B. Fairnesspreis, S. 25).

Interessanterweise machen Jugendliche diese Übung auch gerne. Voraussetzung ist aber, dass sie sich schon eine gewisse Zeitlang kennen. Ansonsten wird die Übung als albern empfunden.

Schulkinder  **geeignet**

Jugendliche **geeignet**

Familie Pritzelwitz

Alter	Anzahl der Spieler	Dauer	Materialien
ab 8 Jahren	beliebig	mindestens 10 Minuten	–

Fördert

Reaktionsfähigkeit

Beschreibung

Jeder Spieler bekommt eine Rolle zugewiesen: Vater Pritzelwitz, Mutter Pritzelwitz, Tochter Pritzelwitz, Sohn, Oma, Opa, Diener, Koch, Jäger, Hund, Katze, Auto ...

Der Spielleiter erzählt eine Geschichte über die Familie Pritzelwitz. Wird ein Spieler genannt, so muss er wie vereinbart reagieren: Er steht auf, klatscht in die Hände, dreht sich einmal um sich selbst und setzt sich wieder hin.

Man kann direkt aufgerufen werden oder als Mitglied einer Gruppe (Familie, Kinder, Großeltern etc.):

„Opa Pritzelwitz (Opa P. steht auf, klatscht in die Hände, dreht sich, setzt sich) hat Geburtstag.

Heute ist ein besonderer Tag für die Familie Pritzwitz (Vater, Mutter, Kinder, Oma, Opa usw. stehen auf usw.) Opa Pritzelwitz (Opa P. steht auf usw.) wird 90 und alle Pritzelwitz (Alle stehen auf usw.) feiern mit. Als erste wacht Mutter Pritzelwitz (Mutter P. steht auf usw.) an diesem Morgen auf und denkt: „Opa Pritzelwitz (Opa P. steht auf usw.) hat heute Geburtstag. Hoffentlich hat Vater Pritzelwitz (Vater P. steht auf usw.) das Geschenk gekauft." Vater Pritzelwitz (Vater P. steht auf usw.) wacht gerade auf, er sieht Mutter Pritzelwitz (Mutter P. steht auf usw.) und sagt: „Sind die Kinder Pritzelwitz (Sohn und Tochter P stehen auf usw.) schon wach?" Die Tochter Pritzelwitz (Tochter P. steht auf usw.) träumt gerade noch von dem Hund Pritzelwitz (Hund P. steht auf etc.) ..."

Wer seinen Einsatz verpasst, scheidet aus.

Varianten

Jeder Pritzelwitz bekommt eine charakteristische Handbewegung oder ein Geräusch zugeteilt: Vater Pritzelwitz ruft „Guten Morgen", Mutter Pritzelwitz ruft „Guten Tag", Opa Pritzelwitz ruft „Auf in den Kampf", der Hund bellt, das Pferd wiehert, usw. Der Fantasie sind keine Grenzen gesetzt.

Auswertung

–

Hinweise

Bei einer großen Gruppe ist es auch möglich, die Rollen doppelt zu vergeben. In einer kleinen Gruppe kann jeder Spieler mehrere Rollen übernehmen. Die Geschichte kann auch ohne Ausscheiden gespielt werden. Ziel ist es dann, möglichst gut seine Rolle zu spielen.

Schulkinder **geeignet**

Jugendliche **geeignet**

Klopftelegramm

Alter	Anzahl der Spieler	Dauer	Materialien
ab 10 Jahren	beliebig	5–10 Minuten	–

Fördert

Kontaktverhalten, Konzentration, Reaktionsvermögen, Regellernen, Spannungsabbau

Beschreibung

Die Spieler sitzen am Tisch und legen ihre Handflächen auf die Tischplatte. Nun kreuzt jeder mit seinen Nachbarn rechts und links die Arme, so dass zwischen den eigenen Händen noch zwei andere Hände liegen, nämlich die rechte Hand des linken Nachbarn und die linke Hand des rechten Nachbarn.
Der Anleiter beginnt, er sagt die Richtung an und klatscht einmal mit der flachen Hand auf den Tisch.
Nun wird immer der Reihe nach auf den Tisch geschlagen. Jeder Spieler gibt so schnell er kann das Klatschen weiter, er klopft sofort auf die Tischplatte, wenn die Hand neben ihm geklopft hat. Er kann aber auch zweimal klopfen, dann ändert sich die Richtung, d.h. der Spieler, der gerade geklopft hatte, muss schnell reagieren und nun wieder klopfen.
Verpasst jemand seinen Einsatz oder reagiert falsch, scheidet er aus. Er nimmt die Hand, die falsch reagiert hat, vom Tisch. So verändert sich im Laufe des Spiels die Reihenfolge der Hände. Man muss immer genau aufpassen, ob man schon an der Reihe ist.
Wer am Ende noch dabei ist, hat gewonnen.

Varianten

Die Mitspieler sitzen im Kreis. Sie legen je eine Hand auf den Oberschenkel ihres Nachbarn zur Rechten und zur Linken. Jeder hat so auf seinem rechten Oberschenkel die Hand seines rechten Nachbarn und auf seinem linken Oberschenkel die Hand seines linken Nachbarn.

Auswertung

–

Hinweise

Das *Klopftelegramm* kann gut an einem großen Gruppentisch gespielt werden, so dass die Hände einen geschlossenen Kreis bilden. Man kann das Spiel aber auch im Hufeisen spielen, nur dass dann die beiden Außenpositionen natürlich nicht die Arme überkreuz legen können. Sie müssen immer aufpassen, wenn das Kommando am anderen Ende angekommen ist und schnell reagieren.

Spielt man das Spiel im Stuhlkreis, sodass die Spieler die Hände auf die Oberschenkel ihrer Sitznachbarn legen, kommen die Spieler körperlich noch mehr in Kontakt. Für Pubertierende kann dies zu intim sein.

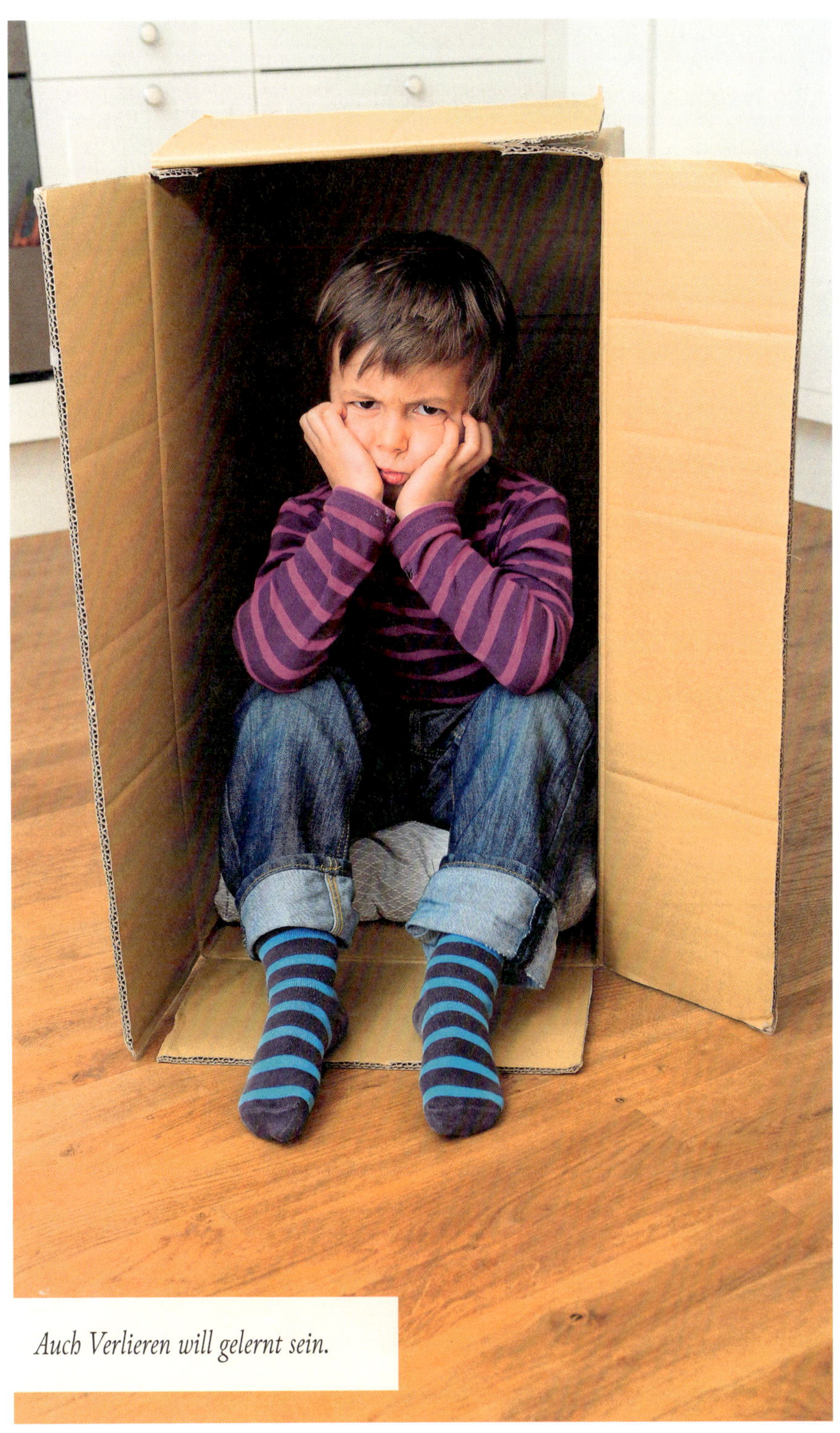

Auch Verlieren will gelernt sein.

Wer Freunde ohne Fehler sucht, bleibt ohne Freunde.

2. Kennenlernen: Übungen zum Kennenlernen, Beobachten und Zuhören

Frau H. unterrichtet an einer Grundschule. In ihrer 2. Klasse haben von 23 Kindern zwölf Kinder einen Migrationshintergrund. Damit sich die Kinder besser untereinander kennenlernen, hat sie ein Ritual eingeführt. Zu Beginn eines jeden Unterrichtstages führt sie den „Begrüßungskanon“ (siehe S. 130) durch. Vorher fragt sie jeweils eines der ausländischen Kinder, wie man in seinem Heimatland „Guten Morgen!“ sagt. Die Klasse wiederholt dies und verwendet die Begrüßung dann im Spiel. Die Kinder sind begeistert. Sie fragen nach der genauen Aussprache und ob es noch andere Begrüßungsformeln gibt. Frau H. freut sich über ihren Erfolg. Sie hat den Eindruck, die Kinder kennen sich besser und gehen offener und toleranter miteinander um.

Toleranz, Achtung und Respekt voreinander sind Ziele des Sozialen Lernens. Um sie praktizieren zu können, müssen Kinder / Jugendliche sich untereinander kennen.

Jedes Kind / jeder Jugendliche einer Gruppe / Klasse sollte von den anderen wissen:

- Name
- Alter (evtl. Geburtsdatum)
- Herkunftsort und -land
- ggf. eine Begrüßung in der jeweiligen Landessprache

Eine große mittelhessische Berufsschule bemüht sich sehr um ihre Schüler. Zu Beginn des neuen Schuljahres engagiert man einen Anbieter, der in der ersten Woche eine „Kennenlern-Phase“ mit einer Vielzahl an Übungen organisiert. Die Schüler sind begeistert. Disziplinarisch gibt es keine Probleme und selbst die „Schwierigen“ können in dieser Woche gut mitarbeiten und sich engagieren.
In der Schule sieht es dann anders aus: Hier gibt es Schwierigkeiten. Der Kontakt zwischen den Lehrkräften und ihren Schülern ist noch nicht aufgebaut. Hinzu kommt der Druck, im Stoff voran zu kommen. Für Kennenlern-Übungen ist nun keine Zeit mehr. Die Schüler denken: „Na, die erste Woche war ja noch ganz gut, aber jetzt geht der ganze Mist wieder von vorne los!“

Die Schule hat sich bemüht. Sie ist nicht zu kritisieren. Im Beispiel haben sich die Jugendlichen untereinander kennengelernt. Das gehört zum Sozialen Lernen dazu. Aber sie haben dies ohne die Lehrkraft getan. Das bringt Probleme mit sich. Die Lehrkraft muss am Prozess des Kennenlernens beteiligt sein. Dann weiß sie von Beginn an, welche Stärken und Schwächen ihre Schüler mitbringen und kann eine tragfähige Beziehung aufbauen. Dies verbessert nachweislich die Leistung und verringert disziplinarische Schwierigkeiten (Sprick, R., 2006). Spannende, interessante und lustige Übungen unterstützen sie dabei.

Von jedem Kind / Jugendlichen einer Gruppe sollte der Anleiter / die Lehrkraft wissen:

- Name
- Alter und (besonders bei Kindern) Geburtstag
- Herkunft (In- bzw. Ausland, ggf. welches Herkunftsland)
- Anzahl der Familienmitglieder (Vater, Mutter, Geschwister, eventuelle Trennungen)
- Hobbys
- ggf. bei Jugendlichen: Zukunftsabsichten (auch wenn diese oft nur diffus vorhanden sind)

Auch die Gruppe / Klasse muss wissen, mit wem sie arbeitet:

Über jeden Anleiter / jede Lehrkraft sollte die Gruppe wissen:

- Name
- Möglichkeiten in Kontakt zu treten (Sprechzeiten, evtl. Telefonnummer, E-Mail, etc.)
- Eigenheiten:
  Dinge, auf die man besonders Wert legt (bzgl. Regeln, Abläufe Strukturen)
  Dinge, auf die man nicht so viel Wert legt (bzgl. Regeln, Abläufe, Strukturen)
- ggf. Geburtstag

Heute weiß man, dass sowohl eine erfolgreiche Therapie als auch erfolgreiches Unterrichten nur zu einem Teil vom fachlichen Können abhängen. Einen sehr großen Anteil macht die Qualität der Beziehung zum Kind / Jugendlichen aus. Die Beziehung ist besonders bei den sehr schwierigen Kindern / Jugendlichen der entscheidende Faktor, ob sie sich bemühen und erfolgreich sind oder aufgeben und scheitern.

Die Auswahl der Übungen zum Kennenlernen wurde so gestaltet, dass sowohl jüngere als auch ältere Schüler einbezogen werden können. Alle Experimente können mit beliebig vielen Teilnehmern durchgeführt werden.

Günstig ist es, wenn die Teilnehmer im Kreis sitzen. Gerade bei Übungen zum Kennenlernen scheint es besonders wichtig zu sein, die anderen Mitspieler auch zu sehen. Lässt sich dies nicht realisieren, sind auch andere Sitzordnungen problemlos denkbar.

Durch Kennenlernübungen werden u. a. folgende Fertigkeiten trainiert:

- Kontaktverhalten
- Kennenlernen
- Kreativität
- Beobachtungsfähigkeit
- Kommunikation
- Perspektivübernahme
- Selbst- und Fremdwahrnehmung

Schulkinder  **geeignet**

Jugendliche  **geeignet**

Namen-Kreuzwort

Alter	Anzahl der Spieler	Dauer	Materialien
ab 8 Jahren	beliebig	10 Minuten	Kopien der Vorlage (S. 67), Schnur, Stifte

Fördert

Kennenlernen, Kommunikation, Kreativität, Merkfähigkeit

Beschreibung

Jeder schreibt seinen Namen (Vornamen, Spitz- oder Nachnamen – je nach Vorliebe) in Großbuchstaben waagerecht auf die Vorlage *Namen-Kreuzwort*.
Nach Befestigen einer Schnur hängt man sich das Blatt um den Hals. Es wird auf dem Rücken getragen.
Alle gehen nun im Raum umher und tragen ihren eigenen Namen bei den anderen senkrecht oder wieder waagerecht ein, wobei sie Buchstaben aus den Namen der anderen „mitbenutzen", so dass ein kreuzwortähnliches Muster entsteht.

Varianten

Im Anschluss lässt man die Namen vorlesen und auf die jeweilige Person zeigen.

Auswertung

Wie war das Spiel für dich?
Konntest du bei möglichst vielen Mitspielern deinen Namen unterbringen?
Wer hat sich bei dir eingetragen?

Hinweise

Das Spiel wird von den Mitspielern aufgrund seiner vielen Kombinationsmöglichkeiten als sehr kreativ erlebt. Es macht sehr viel Spaß und eignet sich sehr gut als „Eisbrecher".
Aggressive Kinder haben oft Schwierigkeiten damit, sich von anderen anfassen zu lassen. Hierbei wird dies spielerisch geübt.
Überaktive stechen gerne einmal mit dem Stift zu oder bemalen den Mitspieler. Sich dafür zu entschuldigen oder eine Wiedergutmachung zu leisten gehört auch zum Sozialen Lernen.

Namen-Kreuzwort

Schulkinder  **geeignet**

Jugendliche  **geeignet**

„Ich packe in meinen Koffer ..."

Alter	Anzahl der Spieler	Dauer	Materialien
ab 8 Jahren	beliebig	ca. 30 Minuten, je nach Gruppengröße	–

Fördert

Kennenlernen, Konzentration, Kreativität, Merkfähigkeit

Beschreibung

Die Mitspieler sitzen im Kreis. Der Spielleiter eröffnet das Spiel: *„Stell dir vor, du willst verreisen. Dabei packst du deinen Koffer. Heute spielen wir es folgendermaßen: Ich beginne, indem ich meinen Namen nenne. Dann packe ich in meinen Koffer einen Gegenstand, der mit demselben Buchstaben beginnt wie mein Name. Zum Beispiel: Ich bin Herr Müller. Ich packe in meinen Koffer ein Motorrad. Beides beginnt mit M. Jetzt ist mein Nachbar dran. Er wiederholt meinen Namen und den Gegenstand. Dann nennt er seinen eigenen Namen und einen eigenen Gegenstand, den er in seinen Koffer packt: Sie sind der Herr Müller, Sie packen in Ihren Koffer ein Motorrad. Ich bin der Jan. Ich packe in meinen Koffer einen Joghurt."*

Jedes Kind nennt eine Sache, die mit dem gleichen Buchstaben wie der eigene Name beginnt. Vorher wiederholt man den Namen aller Vorgänger und ihre Gegenstände.

Fallen dem Spieler nicht alle Dinge ein, muss er leider ausscheiden.

Varianten

- Die jeweilige Sache, die eingepackt wird, begleitet man mit einer speziellen Bewegung.
- Anstatt willkürlicher Dinge packt das Kind Wünsche ein, die ihm besonders gut tun.

Auswertung

Konntest du dir die Namen gut merken?

Hast du einen Trick benutzt, um dir Namen und Gegenstände besser merken zu können?

Hinweise

Die Übung trainiert in hervorragender Weise die Merkfähigkeit der Kinder.
Bei Jugendlichen ist davon abzuraten, eine zusätzliche Bewegung zu machen. Sie empfinden dies oft als albern.

Schulkinder geeignet

Jugendliche geeignet

Mit anderen in der Ecke stehen

Alter	Anzahl der Spieler	Dauer	Materialien
ab 6 Jahren	beliebig	ca. 30 Minuten	Schilder für die Ecken

Fördert

Kennenlernen, Konzentration, Kreativität, Merkfähigkeit

Beschreibung

Die Ecken des Raumes werden mit den Zahlen 1 bis 4 belegt. Es wird ein Schild angebracht, so dass es eine „Ecke 1", eine „Ecke 2" etc. gibt. Der Spielleiter nennt jeweils einen Oberbegriff und vier Begriffe, die den einzelnen Ecken zugeordnet werden.
Beispiel:
Oberbegriff: Hobbys
Unterbegriffe: Ecke 1: Fußball, Ecke 2: Musik hören, Ecke 3: Computerspiele, Ecke 4: Malen
Die Kinder / Jugendlichen wählen einen Unterbegriff aus und stellen sich in die jeweilige Ecke.
Beispiele für Oberbegriffe: Fernsehserien, Schulfächer, Lieblingslehrer oder -lehrerin, Reiseländer, Lieblingsgerichte, etc.

Varianten

–

Auswertung

Was hast du Interessantes über die anderen erfahren?
Was hat dich erstaunt?
Was hat dich gefreut?

Wir können immer auch anders.

Hinweise

Manchen Kindern fällt es schwer, sich für eine Ecke zu entscheiden. Dennoch sollen sie eine Wahl treffen

Schulkinder **geeignet**

Jugendliche **geeignet**

Kennenlernpuzzle

Alter	Anzahl der Spieler	Dauer	Materialien
ab 10 Jahren	beliebig	15–30 Minuten	Briefumschläge, pro Teilnehmer ein Puzzle (Größe DIN A5, zerschnitten in drei Teile) aus farbigem Papier oder Pappe

Fördert

Arbeiten im Team, Beobachten, Kennenlernen, Kommunikation, Kooperation

Beschreibung

Es werden zunächst Gruppen von je vier bis fünf Mitspielern gebildet.
Jedes Gruppenmitglied erhält einen Briefumschlag mit drei Puzzleteilen, wobei die Puzzleteile in die Briefumschläge so verteilt werden, dass keiner allein sein Puzzle zusammensetzen kann. Bei fünf Mitspielern hat man also fünfzehn Puzzleteile, die man mischt und dann auf die Briefumschläge verteilt.
Die Gruppe setzt sich nun zusammen, und jeder versucht, sein Puzzle zu legen. Dabei darf man nicht miteinander sprechen und sich auch keine Zeichen geben. Keiner darf sich einfach von anderen ein passendes Puzzleteil nehmen. Vielmehr legt man nicht passende Puzzleteile in die Mitte des Tisches, und nur von dort darf man sich einzelne Puzzleteile nehmen – natürlich ebenfalls stumm.
Teilnehmer, die gut kooperieren, werden schnell ihr Puzzle zusammengesetzt haben.

Varianten

Jede Gruppe bereitet für eine andere die Puzzles vor, mischt sie und überreicht sie dann.

Auswertung

Habt ihr euer Puzzle zusammensetzen können?
Wie ist euch das gelungen?
Welche Strategien habt ihr angewendet?
Hatte das leise Arbeiten Vorteile für euch? Wenn ja, welche? Wenn nein, was für Probleme gab es?

Hinweise

Die Übung eignet sich besonders zu Beginn eines neuen Schuljahres.
Das Spiel fördert die Kommunikation unter den Gruppenmitgliedern, obwohl nicht miteinander gesprochen wird. Es entsteht ein starkes Wir-Gefühl.

Schulkinder  **geeignet**

Jugendliche **geeignet**

Paarinterview

Alter	Anzahl der Spieler	Dauer	Materialien
ab 10 Jahren	beliebig	ca. 30 Minuten	evtl. Listen mit Interviewfragen, Zettel mit Nummern

Fördert

Arbeiten im Team, Kennenlernen, Kommunikation, Kooperation, Selbstwahrnehmung, Zuhören

Beschreibung

Die Kinder / Jugendlichen finden sich zu Paaren zusammen. Dies kann unterschiedlich geschehen:
Die Kinder suchen sich selbst einen Partner.
Die Kinder werden per Zufall einander zugeteilt, z. B. mit nummerierten Zetteln (jede Zahl ist zweimal vorhanden, gleiche Zahlen bilden ein Paar), etc.
In den Kleingruppen stellen sich die Teilnehmer gegenseitig Fragen, die ihre Person betreffen. Die Fragen werden vorher von dem Anleiter entweder an die Tafel geschrieben oder auf Blättern vorbereitet und ausgeteilt.
Mögliche Themen können sein:
Name, Wohnort, Lieblingsgruppe, Lieblingsfernsehsendung, Lieblingsessen, etc.
Hierfür erhalten die Spieler 10 Minuten Zeit. Danach stellt jeder seinen Partner der Gruppe vor. Im Anschluss können die anderen Klassenmitglieder Fragen stellen.

Varianten

- Der Interviewer stellt den anderen vor, indem er sich selbst als der andere ausgibt.
- Der Interviewer stellt Vermutungen über den Interviewten an. Diese werden im Anschluss diskutiert.
- Das Ergebnis des Interviews wird auf einem Blatt festgehalten und in den Gruppenraum / die Klasse gehängt.

Auswertung

Wie hat dir die Übung gefallen?
Fiel es dir leicht, den anderen zu befragen?
Habt ihr Gemeinsamkeiten herausgefunden?
Hast du den Eindruck, den anderen jetzt besser zu kennen?

Hinweise

Es hat sich bewährt, ein Blatt mit Interviewfragen für die Gruppe vorzubereiten und Themen zu wählen, die für die Gruppe passend sind. Im *Paarinterview* erfährt man auf dem direktesten Wege etwas über seine Schüler / Gruppenmitglieder. Es eignet sich sehr gut zu Schuljahresbeginn / in den ersten Sitzungen, und kann dann auch problemlos in späteren Stunden mit neuen Fragen wiederholt werden. Besonders Jugendliche mögen diese Übung.

Das Interview-Spiel

Alter	Anzahl der Spieler	Dauer	Materialien
ab 10 Jahren	beliebig	ca. 20 Minuten	–

Fördert

Beobachten, Fantasie, Kooperation, Kreativität, Zuhören, Zusammenarbeit

Beschreibung

Ein Teilnehmer verlässt den Raum. Während er draußen wartet, überlegt sich die Gruppe einen möglichen Beruf für ihn (z. B. Pilot, Urwaldforscher, Professor, Astronaut, Busfahrer, Arzt, Kassierer, etc.).
Betritt der Spieler wieder den Raum, beginnt die Gruppe, ihn zu interviewen. Sie stellt Fragen zu seinem Beruf, ohne diesen zu nennen: z. B.: *„Was war Ihr größtes Abenteuer als Sie das letzte Mal auf Expedition waren?“ „Wie kommen Sie mit den vielen Mückenstichen klar?“* (beim Urwaldforscher) oder: *„Wie bekommen Sie einen festen Stand auf Ihrem Arbeitsplatz?“* (beim Astronauten).
Der Spieler muss nun herausfinden, welchen Beruf die Gruppe für ihn gewählt hat.

Varianten

Es wird eine Zeitvorgabe gegeben. Der Spieler tritt gegen die Gruppe an. Schafft er es vor Ablauf der Zeit seinen Beruf zu erraten, gewinnt er, ansonsten gewinnt die Gruppe.

Auswertung

Fiel es dir schwer oder leicht, deinen Beruf zu erraten?

Wie habt ihr als Gruppe zusammen gearbeitet?
Habt ihr es dem Rater besonders leicht oder schwer gemacht?

Hinweise

Das *Interview-Spiel* ist eine sehr fantasievolle Übung. Sie ist nicht für alle Gruppen geeignet, da sie von der Kreativität der Fragen lebt. Gruppen mit Kindern / Jugendlichen, die sich schwer verbal äußern können, haben Schwierigkeiten mit dieser Übung. In diesen Gruppen ist es hilfreicher, einfachere Übungen einzusetzen, um die Spieler nicht zu frustrieren.

Schulkinder  **nicht geeignet**

Jugendliche  **geeignet**

Interview mit Pfiff

Alter	Anzahl der Spieler	Dauer	Materialien
ab 12 Jahren	beliebig	ca. 30 Minuten	paarweise nummerierte Zettel mit Interviewfragen (jede Interviewfrage ist also doppelt vorhanden und mit der gleichen Zahl versehen), Papier, Stifte

Fördert

Arbeiten im Team, Kennenlernen, Kommunikation, Kooperation, Selbstwahrnehmung, Zuhören

Beschreibung

Jeder zieht einen Zettel. Teilnehmer mit der gleichen Nummer bilden ein Paar. Jeder interviewt den anderen zu der auf dem Zettel stehenden Frage. Bei zwanzig Mitspielern braucht man mindestens zehn Interviewfragen, da jede Frage doppelt vorkommt.
Die Antworten des Interviewpartners werden aufgeschrieben. Nun berichtet jeder, was sein Partner gesagt hat.
Danach werden die Zettel wieder eingesammelt, und man kann erneut ziehen.
Mögliche Fragen:
„Wann warst du das letzte Mal wirklich wütend?"
„Was stresst dich besonders? Warum?"

„Wem würdest du gerne einmal die Meinung sagen?"
„Welches war dein schönstes Geburtstagsgeschenk?"
„80 % der Weltbevölkerung leben schlechter als du. Was hältst du davon?"
„Hast du schon einmal eine SMS auf der Toilette geschrieben? An wen?"

Varianten

Auf dem Zettel stehen mehrere Fragen.

Auswertung

Welche Interviewfrage konntest du am leichtesten beantworten?
Welche Interviewfrage fiel dir am schwersten?
Durch welche Interviewfrage hast du besonders viel über andere erfahren?
Was hat dich am meisten interessiert?

Hinweise

Die Interviewfragen sollten der entsprechenden Altersgruppe Rechnung tragen. So können beispielsweise Schüler der Sekundarstufe II auch sehr ernsthafte Diskussionsfragen erhalten.
Bei Jugendlichen ist *Interview mit Pfiff* eines der beliebtesten Interaktionsexperimente.
Ziel ist, dass die Jugendlichen miteinander ins Gespräch kommen.

Schulkinder **bedingt geeignet**
Jugendliche **geeignet**

Gemeinsamkeiten und Unterschiede

Alter	Anzahl der Spieler	Dauer	Materialien
ab 10 Jahren	beliebig, in Zweiergruppen	20 Minuten	Schreibmaterial

Fördert

Arbeiten im Team, Beobachtungsfähigkeit, Fantasie, Kennenlernen, Kommunikation, Kreativität, Perspektivübernahme, Selbstakzeptanz

Beschreibung

Zu Beginn unterteilt sich die Gruppe in Pärchen. Haben sich zwei Mitspieler gefunden, beginnen sie eine Liste zu erarbeiten. Die Liste ist zweigeteilt: Auf der einen Seite schreiben sie ihre Gemeinsamkeiten auf. Also dasjenige, was beiden zusagt, sie anspricht, ihnen nicht gefällt, oder ähnliches. Alles ist möglich. Hierzu können Gemeinsamkeiten in den Vorlieben für Sportvereine, Fernsehsendungen, Farben, Eigenschaften an Menschen, etc. zählen.

Nachdem sie ihre Gemeinsamkeiten entwickelt haben, wird eine zweite Liste erstellt. Diese Liste beinhaltet alle Unterschiede, die zwischen ihnen bestehen. Hierzu können körperliche Merkmale (Größe, Alter, etc.) zählen, genauso wie Unterschiede im Geschmack (Sportvereine, Musikrichtungen, Kleidungsstile, etc.), aber auch persönlichere Dinge wie z. B. Vorlieben.

Die Liste kann gemeinsam und / oder abwechselnd der Gruppe vorgestellt werden.

Varianten

Eine Gruppenliste wird erstellt. Auf dieser Liste sind sämtliche Gemeinsamkeiten und Unterschiede festgehalten.

Auswertung

Wie war die Übung für dich?
Hat es euch überrascht, dass ihr so viele Gemeinsamkeiten / Unterschiede habt?
Hast du das Gefühl, jetzt mehr über dich oder den anderen zu wissen?

Hinweise

Das gemeinsame Aufspüren von Gemeinsamkeiten und Unterschieden führt zu einer Akzeptanz von Andersartigkeit. Gerade bei der Variante, wo die Unterschiede für die gesamte Gruppe gesammelt werden, wird deutlich, wie vielfältig die Eigenschaften sind.

Schulkinder  **geeignet**

 Jugendliche  **geeignet**

Lügeninterview

Alter	Anzahl der Spieler	Dauer	Materialien
ab 8 Jahren	beliebig	ca. 40 Minuten	Vorlage „Lügeninterview“, (S. 79) Stifte

Fördert

Beobachten, Einfühlungsvermögen, Kennenlernen, Kommunikation, Kreativität, Zuhören

Beschreibung

Die Spieler finden sich paarweise zusammen. Sie interviewen sich gegenseitig mit Hilfe eines Leitfadens, der vier Themen vorgibt. Aufgabe jedes Interviewten ist es, eine der vier Fragen falsch zu beantworten, ohne dass der andere es merkt.
Zusätzlich können sich die Mitspieler gegenseitig porträtieren.
In der nächsten Phase stellt der Interviewer seinen Partner der Gruppe vor. Aufgabe der Gruppe ist es, herauszufinden, welche der Informationen gelogen ist.

Varianten

–

Auswertung

Wie hat dir die Übung gefallen?
Welche Information war gelogen? Warum?
Fiel es dir leicht, den anderen auf die Schliche zu kommen?
Wann kann es sinnvoll sein, zu lügen?

Hinweise

Das Spiel erfreut sich großer Beliebtheit, da das Lügen hier nicht nur erlaubt, sondern erwünscht ist. Auch das Lügen gehört – in angemessenem Rahmen – zur sozialen Kompetenz: In „brenzligen Situationen“ kann es eine sinnvolle Strategie sein, zu lügen und / oder sich anders darzustellen.
Beispiele

- Ein Jugendlicher wird in der Disco gedrängt, zu rauchen. Er sagt: „Ich muss nach Hause!“ oder: „Ich bin erkältet!“
- Mehrere Kinder wollen einen Mitschüler verprügeln. Einer von ihnen sagt: „Wartet kurz, ich habe eine Idee und bin gleich zurück!“ – In der Zwischenzeit holt er Hilfe.

Lügeninterview

Aufgabe: Stelle deinem Gegenüber die folgenden vier Fragen. Drei von ihnen soll er wahrheitsgetreu beantworten, bei einer Frage muss er lügen.

1. Nenne mir dein Lieblingshobby:

2. Erzähle mir einen Streich, den du einmal jemandem gespielt hast:

3. Was hast du zu deinem letzten Geburtstag bekommen?

4. Wenn du einen Wunsch frei hättest, was würdest du dir wünschen?

Wenn du möchtest, kannst du dein Gegenüber hier porträtieren!

Schulkinder  **geeignet**

Jugendliche  **geeignet**

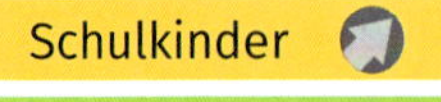

Secondhandladen

Alter	Anzahl der Spieler	Dauer	Materialien
ab 8 Jahren	beliebig	ca. 15 Minuten	–

Fördert:

Arbeiten im Team, Beobachtungsfähigkeit, Fantasie, Kommunikation, Konzentration, Kooperation, Kreativität, Merkfähigkeit

Beschreibung

Während ein Spieler vor dem Raum wartet, tauscht die Gruppe Kleidungsstücke aus, z.B. wechseln zwei Mitspieler ihre Schuhe. Oder eine Jacke wird getauscht, etc.

Danach holt der Spielleiter den Wartenden in den Raum. Seine Aufgabe ist es, die Veränderung zu benennen und die jeweiligen Stücke dem richtigen Besitzer zuzuordnen. Um die Spannung zu erhöhen, kann eine Zeitvorgabe gegeben werden.
Möchte man die Schwierigkeit erhöhen, so lässt man mehrere Personen verschiedene Kleidungsstücke tauschen.

Varianten

Die Spieler verändern Dinge im Raum. Sie drehen einen Tisch um, hängen ein Bild anders auf, tauschen Sitzplätze, etc.

Auswertung

Woran hast du die Veränderung erkannt?
Fiel es dir leicht oder schwer, dir Dinge zu merken?
Hast du einen Trick angewendet, um dir manche Dinge besonders einzuprägen?

Hinweise

Dieses Spiel ist besonders bei Jugendlichen beliebt. Sie mögen die Herausforderung. Es kann gut im Rahmen der Förderung von Merkfähigkeit und Sinnesorganen eingesetzt werden. Besonders Ergotherapeuten schätzen das.
Es ist interessant, die Diskussion unter den Spielern zu beobachten, welche Dinge nun verändert werden sollen.

Schulkinder  **nicht geeignet**

Jugendliche  **geeignet**

Die Versteigerung

Alter	Anzahl der Spieler	Dauer	Materialien
ab 12 Jahren	beliebig	ca. 30–45 Minuten	Vorlagen (S. 82–84), evtl. Blanko-Karten und Stifte (für die Variante)

Fördert

Kennenlernen, Kommunikation, Kreativität, Zuhören

Beschreibung

Der Anleiter hat einen Stapel von Karten, auf denen jeweils ein „Gegenstand" steht, der versteigert werden kann (siehe S. 82–84). Alle Versteigerungsgegenstände werden zunächst vorgelesen. Dann wird jeder Versteigerungsgegenstand aufgerufen. Jeder Spieler hat 100 Punkte, die er einsetzen kann. Mehr stehen ihm nicht zur Verfügung.
Der Spieler, der den Gegenstand ersteigert, erhält die Bildkarte. Auf ihr wird notiert, für wie viele Punkte der Gegenstand ersteigert wurde.

Versteigerungsgegenstände, z. B. (siehe S. 82–84):

- Freund
- Vertrauen
- Freundin
- Fahrrad
- Hilfe, usw.

Varianten

Die Mitspieler erhalten Blanko-Karten, auf die sie selbst erdachte Gegenstände für die Versteigerung schreiben können.

Auswertung

Welche „Gegenstände" hast du ersteigert? Warum?
Welche „Gegenstände" haben dich überhaupt nicht angesprochen? Warum?
Haben dich Entscheidungen anderer erstaunt? Welche?

Hinweise

Diese Übung ist eine gute Variante beim Kennenlernen. Interessant zu beobachten ist, wie die Teilnehmer mit den „negativen" Versteigerungsgegenständen umgehen, ob sie diese auch ersteigern und wenn ja, was sie damit anfangen können.

Versteigerung

Versteigerung

Versteigerung

 Angst	 Schwester
 Jugendclub	 Streiche
 Sorgen	

Schulkinder  **geeignet**

  **geeignet**

Kaufmann aus Venedig

Alter	Anzahl der Spieler	Dauer	Materialien
ab 6 Jahren	beliebig	5–10 Minuten	–

Fördert

Kommunikation, Konzentration, Kreativität, Regellernen, Zuhören

Beschreibung

Der Anleiter sagt:
„Ich bin der Kaufmann aus Venedig,
hab wunderschöne Sachen,
verbiete dir das Ja und Nein
und auch das dumme Lachen.
Weiß und Schwarz sind ausverkauft."

Nun darf ein Spieler bei dem Kaufmann aus Venedig etwas einkaufen, aber er darf bei dem Verkaufsgespräch weder *Ja* noch *Nein* sagen und auch nicht die „ausverkauften" Farben, z. B. *Weiß* und *Schwarz*. Der Kaufmann versucht den Käufer dazu zu bringen, diese Wörter zu nennen. Sagt der Einkäufer eins der verbotenen Wörter, ist die Runde zu Ende. Nun kann der Nächste sein Glück versuchen.

Varianten

- Je zwei Spieler treten als Kaufmann und Kunde gegeneinander an. So kann die ganze Gruppe gleichzeitig spielen.
- *Kaufmann aus Venedig* kann auch auf Zeit gespielt werden. Wenn der Kunde eine Minute durchhält ohne die verbotenen Wörter zu sagen, gewinnt er gegen den Kaufmann.

Auswertung

Wie hat dir das Spiel gefallen?
Was hast du statt Ja und Nein gesagt?
Konnte der Kaufmann dich aufs Glatteis führen?

Hinweise

Kinder und Jugendliche spielen dieses einfache Spiel sehr gerne. Deswegen kann es in der Schule auch als Belohnungsspiel eingesetzt werden. Wer z. B. sein Arbeitsblatt richtig ausgefüllt hat, darf eine Runde gegen die Lehrkraft antreten.

Schulkinder  **geeignet**

Jugendliche  **geeignet**

Plätze tauschen

Alter	Anzahl der Spieler	Dauer	Materialien
ab 6 Jahren	mindestens 6	10–15 Minuten	Stuhlkreis

Fördert

Kennenlernen, Konzentration, Kreativität, Reaktionsvermögen, Regellernen, Selbstreflexion, Spannungsabbau

Beschreibung

Die Spieler sitzen im Stuhlkreis. Ein Spieler steht in der Mitte, für ihn gibt es keinen Sitzplatz.
Der Spieler in der Mitte denkt sich etwas aus, was einige Spieler gemeinsam haben und sagt es laut. *„Alle, die gerne Fußball mögen, müssen die Plätze tauschen!“* Nun tauschen die Spieler, auf die das zutrifft, schnell die Plätze und der Spieler in der Mitte versucht einen freigewordenen Platz zu ergattern. Der Spieler, der keinen Platz mehr erwischt, bleibt in der Mitte und denkt sich eine neue Gemeinsamkeit aus.

Varianten

- Es dürfen nur Gemeinsamkeiten gewählt werden, die man nicht sehen kann.
- Die Gemeinsamkeiten sind Vorlieben oder Kompetenzen oder Abneigungen und Schwächen, z. B. alle, die gerne ausschlafen, alle, die Handstand können, alle, die keinen Rosenkohl mögen, alle, die schon mal eine Sechs geschrieben haben ...

Auswertung

Wie hat dir das Spiel gefallen?
Warst du mal in der Mitte?
Hast du etwas Neues über die anderen erfahren?
Konntest du schnell reagieren?
Mit wem hattest du etwas gemeinsam?
Gab es etwas, was nur auf dich zugetroffen hat?

Hinweise

Bei kleinen Kindern kann der Anleiter Hilfestellungen geben, z. B. alle, die ein Haustier haben, alle, die Fahrrad fahren können, alle Mädchen, alle Jungen, alle mit blauen Hosen ...

Schulkinder **geeignet**

Jugendliche  **geeignet**

Who is who?

Alter	Anzahl der Spieler	Dauer	Materialien
ab 10 Jahren	beliebig	5–10 Minuten	Fragebögen (S. Seite 89), Stifte

Fördert

Beobachten, Einfühlungsvermögen, Kennenlernen, Kontaktverhalten, Selbstreflexion

Beschreibung

Die Spieler erhalten einen kurzen Fragebogen:

1. Ich bin ………………… Jahre alt.
2. Ich bin das ………………… Kind und habe ………………… Geschwister.
3. Ich bin in ………………… geboren.
4. Heute bin ich ………………… hierher gekommen.
5. Ich wünsche mir …………………

Jeder füllt den Fragebogen für sich aus, faltet ihn einmal zusammen. Die Fragebögen werden eingesammelt. Nun zieht jeder einen der Fragebögen und liest ihn vor. Anschließend rät er, von wem der Fragebogen ist. Er darf max. dreimal raten, dann gibt sich die richtige Person zu erkennen.

Varianten

Jeder in der Gruppe gibt einen Tipp ab, von wem der vorgelesene Fragebogen ist.

Auswertung

Wie hat dir das Spiel gefallen?
Bist du erraten worden?
Konntest du erraten, wer den Fragebogen ausgefüllt hat? Wie hast du das gemacht?
Hast du etwas Interessantes über jemanden erfahren?

Hinweise

Die vierte Aussage kann beliebig ausgefüllt werden, d.h. man kann schreiben „Heute bin ich mit dem Fahrrad hierher gekommen“ oder „Heute bin ich ohne großen Bock hierher gekommen.“
Eine Kollegin hat einmal zu Beginn eines Workshops für Schüler der vierten Klasse mit einem Blitzlicht angefangen. Jeder sollte sagen, wie er am Morgen zu dem Workshop gekommen ist. Die Kollegin hatte erwartet, dass die Kinder etwas über ihre Befindlichkeiten oder Erwartungen sagen. Aber die Kinder hatten die Frage ganz pragmatisch verstanden und beantwortet, sie erklärten alle mit welchem Fahrzeug oder welcher Buslinie sie zur Schule gekommen sind. Obwohl das nicht die eigentliche Idee dieser Runde gewesen war, stellte es sich als sehr gut heraus: Die Frage war ein wunderbarer Eisbrecher, weil jedes Kind ohne nachzudenken und ohne Sorge evtl. etwas Peinliches oder Falsches zu sagen, die Frage beantworten konnte. Für die weitere Mitarbeit, gerade für sozial ängstliche Kinder, sind solche Eisbrecher wunderbar. Wenn man erst einmal etwas vor der Gruppe gesagt hat, fällt es danach nicht mehr so schwer.
Bei dieser Übung ist es erstaunlich, wie hoch die Trefferquote beim Erraten der Personen ist, auch, wenn sich die meisten in der Gruppe überhaupt nicht kennen.

Who is who?

1.) Ich bin ... Jahre alt.

2.) Ich bin das .... Kind und habe .... Geschwister.

3.) Ich bin in .... geboren.

4.) Heute bin ich .... hierher gekommen.

5.) Ich wünsche mir ....

Schulkinder  **nicht geeignet**

Jugendliche  **geeignet**

Norden Süden Westen Osten

Alter	Anzahl der Spieler	Dauer	Materialien
ab 12 Jahren	beliebig	10–45 Minuten	–

Fördert

Gruppenerleben, Kennenlernen, Kommunikation, Kontaktverhalten, Selbstreflexion

Beschreibung

Der Spielleiter zeigt die Himmelsrichtungen im Raum an. In der Mitte des Raums ist der Ort, an dem sich die Gruppe gerade befindet. Nun sollen sich alle dorthin stellen, wo sie geboren wurden. Hierfür ist es sinnvoll, dass die einzelnen Spieler miteinander sprechen. Wenn jeder einen Platz im Raum gefunden hat, geht der Spielleiter nach und nach zu jedem Spieler und fragt ihn nach seinem Namen und wo er geboren wurde. Der Spielleiter bedankt sich freundlich für jeden Beitrag. Nicht immer stehen die Spieler geografisch an der richtigen Position, so dass sie dann ggf. ihre Position noch einmal verändern. Das Finden der richtigen Position kann mit Hilfe der anderen geschehen. Es ist mehr ein Zusammenpuzzlen der richtigen Positionen als ein Korrigieren.

Nun stellen sich alle an ihren Wohnort in Relation zu den Himmelsrichtungen und mit dem Ort, wo sie gerade sind, als Mitte. Anschließend sagt jeder, wo er wohnt, in welchem Ort, Stadtteil oder welcher Straße. Ggf. werden die Positionen der Spieler korrigiert.

Vorschläge für weitere Positionierungen:

- So weit weg von hier war ich schon mal
- Hierhin möchte ich gerne einmal reisen
- ...

Natürlich können sich die Spieler auch zu kleinen Gruppen zusammenfinden, mögliche Fragen hierzu sind:

- So viele Geschwister habe ich
- Zur Schule komme ich meistens so (mit dem Fahrrad, zu Fuß, mit dem Bus ...)
- In meiner Freizeit mache ich diesen Sport
- Ich spiele dieses Instrument
- Ich habe dieses Haustier
- ...

Reihen können auch gebildet werden nach

- der Größe
- dem Alter
- der Schuhgröße
- ....

Varianten

Das Spiel kann gut als Beginn zu einem bestimmten Thema gespielt werden, z. B. Reisen, Familie, Berufe.

Auswertung

Wie hat dir das Spiel gefallen?
Hast du etwas Interessantes über jemanden erfahren?

Hinweise

Bei diesem Spiel kommt die Gruppe direkt zu Beginn in Bewegung und in Kontakt. Es ist eine gute Alternative zu der nicht so beliebten Vorstellungsrunde. Die Fragen sind ohne Schwierigkeiten von jedem zu beantworten, so dass jeder zu Beginn der Gruppenaktivität mehrmals etwas beiträgt. Dies wirkt sich positiv auf die zukünftige Beteiligung aus. Der Spielleiter sorgt für eine angenehme Atmosphäre, d.h. er fragt freundlich und interessiert nach. Er bedankt sich empathisch für die Beiträge. Ggf. unterstützt er beim Finden der richtigen Gruppe. Wie viel Zeit man sich für dieses Spiel nimmt, kann sehr unterschiedlich sein. Für den Spielleiter ist es interessant zu beobachten, wie die Einzelnen sich zu Gruppen zusammenfinden, wer z. B. die Initiative ergreift und laut ruft: „Ich bin Hannover!“ oder „Ich habe Schuhgröße 43!“, damit sich die anderen an ihm orientieren können. Oder wer gar nicht mit den anderen in Kontakt tritt und so Schwierigkeiten hat, seine Position zu finden.

Schulkinder  **geeignet**

 Jugendliche  **geeignet**

Zuzwinkern

Alter	Anzahl der Spieler	Dauer	Materialien
ab 6 Jahren	mindestens 7	5–10 Minuten	evtl. Stühle (halb so viele wie Spieler)

Fördert

Beobachten, Kontaktverhalten, nonverbale Kommunikation, Spannungsabbau

Beschreibung

Die eine Hälfte der Spieler steht mit den Händen auf dem Rücken im Kreis. Sie sind die Wächter. Die andere Hälfte der Spieler steht oder sitzt (auf einem Stuhl) vor ihnen. Vor einem Spieler ist der Platz leer. Dieser Spieler versucht einen anderen Spieler zu sich zu rufen. Dafür blinzelt er ihm kurz zu. Der Spieler, dem zugezwinkert wurde, versucht so schnell er kann, auf den freien Platz zu gelangen. Der Wächter hinter ihm aber versucht ihn zu schnappen und festzuhalten. Schafft es der zwinkernde Spieler jemanden herbeizurufen, so stellt oder setzt er sich auf den freien Platz und der herbeigerufene Spieler stellt sich hinter ihn und wird sein Wächter. Der Wächter, dem der Spieler weggelaufen ist, versucht nun jemanden herbei zu zwinkern.

Varianten

Es genügt, wenn der Wächter den Spieler, der weglaufen will, berührt.

Auswertung

–

Hinweise

Zuzwinkern kennt fast jeder. Dennoch ist es ein gutes Spiel für neue Gruppen, damit sie miteinander in Kontakt kommen.
Für den Gruppenleiter oder die Lehrkraft, der / die unbedingt mitspielen sollte, ist es interessant, wie die Spieler Kontakt zu ihm / ihr aufnehmen.

Schulkinder  **geeignet**

Jugendliche **geeignet**

Ich schicke ein Telegramm

Alter	Anzahl der Spieler	Dauer	Materialien
ab 8 Jahren	beliebig	5–10 Minuten	–

Fördert

Beobachten, Kontaktverhalten, nonverbale Kommunikation, Regellernen

Beschreibung

Die Spieler stehen im Kreis und halten sich an den Händen. In der Mitte steht ein Spieler. Jeder Spieler sagt reihum, welche Stadt er ist.
Ein Spieler verschickt ein Telegramm per Händedruck. Er sagt z. B.: *„Ich schicke ein Telegramm von Hamburg nach New York."* Nun schickt der Spieler „Hamburg" das Telegramm los, entweder nach rechts oder nach links. Hierfür drückt er möglichst unauffällig die Hand seines Nachbarn und meldet *„Abgeschickt!"*. Sobald das „Telegramm" (Händedruck) beim Spieler „New York" angekommen ist, meldet dieser *„Angekommen!"*. Der Spieler in der Mitte versucht, das Telegramm auf seinem Weg zu entdecken. Er beobachtet genau die Hände der Spieler und sagt, wenn er das Weiterleiten sieht. Erwischt er das Telegramm unterwegs, so kommt der Spieler in die Mitte, dessen Händedruck entdeckt wurde.

Varianten

Kleine Kinder schicken das Telegramm von Kind zu Kind und geben sich keine Städtenamen: *„Ich schicke ein Telegramm von Alex zu Julia."* Bei den Kleinen gibt der Spielleiter die Anweisung.

Auswertung

Wie hat dir das Spiel gefallen?
Konntest du das Telegramm unauffällig weiterreichen?
Hast du das Telegramm entdeckt?

Hinweise

Impulsiven Kindern fällt das unauffällige Händedrücken schwer, sie drücken fast mit dem ganzen Körper. Die Spieler müssen auch auf ihre Mimik achten und dürfen selber nicht zu auffällig auf die Hände der anderen gucken.

Schulkinder **geeignet**

Jugendliche  **geeignet**

Postkarten

Alter	Anzahl der Spieler	Dauer	Materialien
ab 10 Jahren	beliebig	15–20 Minuten	sehr viele unterschiedliche Postkarten (Figuren, Steine)

Fördert

Kennenlernen, Selbstreflexion, Zuhören

Beschreibung

Die Spieler sitzen im Kreis. In der Mitte liegen viele verschiedene Postkarten ausgebreitet, deutlich mehr als Spieler. Die Spieler suchen sich still reihum eine Postkarte aus.
Wenn jeder eine gefunden hat, sagt jeder reihum seinen Namen und begründet, warum er sich diese Karte ausgesucht hat.

Varianten

Statt der Postkarten kann man auch kleine Figuren oder Steine verwenden.

Auswertung

Wie hat dir das Spiel gefallen?
Hast du etwas Interessantes über die anderen erfahren?
Ist es dir leicht gefallen, eine passende Karte für dich zu finden?

Hinweise

Während sich alle eine passende Karte aussuchen, sollte nicht gesprochen werden, so dass die Auswahl nicht schon vorher kommentiert wird.
Die Auswahl sollte nicht zu lange dauern. Die spontanen Ideen sind meist die besten.

Schulkinder  **geeignet**

Jugendliche **geeignet**

Traumberuf und Lieblingsessen

Alter	Anzahl der Spieler	Dauer	Materialien
ab 10 Jahren	beliebig	20–30 Minuten	Kopien von „Traumberuf und Lieblingsessen“ (S. 96), Stifte, Kreppband

Fördert

Einfühlungsvermögen, Kennenlernen, Kreativität, Selbstreflexion, Zuhören

Beschreibung

Jeder Spieler bekommt eine Kopie von „Traumberuf und Lieblingsessen“ und füllt sie aus. Aber eines, entweder der Traumberuf oder das Lieblingsessen, ist gelogen. Dann klebt sich jeder den Zettel auf den Rücken. Alle gehen nun durch den Raum und lesen sich die Traumberufe und Lieblingsessen der anderen Spieler durch. Sie kreuzen an, welches der beiden sie für wahr halten. Wenn jeder bei jedem seine Einschätzung abgegeben hat, setzen sich alle in einen Kreis und stellen die Ergebnisse vor. Jeder sagt noch mal seinen Namen, welchen Traumberuf und welches Lieblingsessen er geschrieben hatte, welches davon wahr ist und wie viele dies richtig eingeschätzt haben.

Varianten

–

Auswertung

Wie hat dir das Spiel gefallen?
Konntest du die anderen gut einschätzen?
Wie hast du das gemacht?

Hinweise

Das Spiel kann durch die Ideen der Spieler sehr witzig sein.

Traumberuf und Lieblingsessen

Traumberuf	Lieblingsessen
Was ist wahr? Bitte ankreuzen!	

Schulkinder  **bedingt geeignet**

Jugendliche **geeignet**

Berühmte Leute

Alter	Anzahl der Spieler	Dauer	Materialien
ab 10 Jahren	beliebig	ca. 30 Minuten	Zettel oder Karteikarten, die mit berühmten Leuten beschriftet sind

Fördert

Beobachten, Fantasie, Kommunikation, Konzentration, Kreativität, Zuhören

Beschreibung

Zu Beginn der Übung werden den Mitspielern Karteikarten oder Zettel auf den Rücken geklebt. Auf jedem dieser Zettel steht der Name einer berühmten Person, die die Jugendlichen kennen (Marilyn Monroe, Die Queen, Kermit der Frosch, aktuelle Popstars, etc.). Jetzt gehen alle Spieler durch den Raum. Durch geschickte Ja- / Nein-Fragen muss jeder Teilnehmer herausfinden, welche Person ihm auf den Rücken geheftet wurde.

Hat jemand die Lösung gefunden, kann er sich wieder an seinen Platz setzen oder den anderen bei ihrer eigenen Lösung weiterhelfen.

Varianten

Ein Spieler bekommt einen Zettel mit dem Namen einer berühmten Person auf die Stirn geklebt. Er muss nun durch geschicktes Fragen herausfinden, welche Person er ist.

Auswertung

Wie hat dir das Spiel gefallen?
Durch welche Frage bist du auf die Lösung gekommen?
Hattest du eine spezielle Fragetechnik?

Hinweise

Bei der Durchführung ist zu beachten, dass die Personen den Teilnehmern auch bekannt sind. Einige witzige Figuren (wie z. B. Kermit der Frosch) lockern die Übung zusätzlich auf.

Dieses Spiel ist auch unter Erwachsenen sehr beliebt. Es wird gerne auf Parties gespielt.

Stärke wächst nicht aus körperlicher Kraft – vielmehr aus unbeugsamem Willen.

3. Kooperation: Übungen zur Förderung von Zusammenarbeit

Jan ist 10 Jahre alt. Er hat große Schwierigkeiten in der Schule und in der Freizeit. Er rastet bei Kleinigkeiten aus und sieht sich ständig als Opfer. Wenn er mit anderen spielt, will er immer bestimmen und kann sich nur schwer in ein Team einfinden. Meistens bricht er das Spiel dann ab und stapft wutschnaubend weg. Seine Mutter hat ihn mehrfach beim Fußball angemeldet. Die Eltern waren sich einig, dass ihm ein Mannschaftssport gut täte. Außerdem ist er sehr sportlich. Nach drei Wochen hatte Jan aber keine Lust mehr. Er saß nach Streitereien oft auf der Bank und das – seiner Meinung nach – immer zu Unrecht.
In der Schule sind besonders Gruppenarbeiten für seine Lehrerin ein Gräuel. Es gibt ständig Stress: Jan beginnt in der Regel völlig überstürzt, hört nicht auf die anderen und ist gleich frustriert, wenn es nicht auf Anhieb klappt. Dann mault er seine Mitschüler an, die nun auch nicht mehr mit ihm zusammenarbeiten wollen. „Was tun?" denkt seine Lehrerin Frau M.

Jessica (13 Jahre alt) ist das Gegenteil von Jan. Sie hat ebenfalls Schwierigkeiten, sich im Team zu engagieren. Bei Gruppenarbeiten sitzt sie einfach daneben und beteiligt sich nicht. Die anderen rollen dann mit den Augen und lassen sie links liegen. Jessica traut sich einfach nicht, etwas zu sagen. Auch wenn sie gute Ideen hat, nehmen die anderen sie nicht wahr. Ihre Noten leiden inzwischen darunter. In Deutsch bekommt sie dieses Halbjahr ein Ungenügend. Ihr Lehrer macht sich Sorgen, da die Eigeninitiative für die Noten immer wichtiger wird. Wie kann er ihr helfen?

Teamfähigkeit heißt, junge Menschen bemühen sich

- anderen zuzuhören
- sich einzubringen
- gemeinsam Lösungen zu finden
- die eigenen Bedürfnisse zurückzustellen
- verschiedene Meinungen zu besprechen
- sich manchmal auch durchzusetzen
- einen Fehler zuzugeben
- sich in der Gruppe anzustrengen
- sich mit anderen zu freuen
- sich für andere zu freuen

Teamfähigkeit ist für den Erfolg von Kindern und Jugendlichen sowohl in der Schule als auch im privaten Umfeld wichtig. Menschen, die gelernt haben, ein

Netzwerk aufzubauen, sich mit anderen zu arrangieren und Hilfe zu leisten, sind erfolgreicher im Beruf, glücklicher im Privatleben und kommen besser mit Schwierigkeiten zurecht (Heitzinger et al., 2008).

Die folgenden Übungen haben die Aufgabe, in einem interessanten Setting diese Fertigkeiten zu üben. Sie werden von Kindern und Jugendlichen sehr gerne durchgeführt, da sie spannend sind und eine Herausforderung darstellen. Für den Anleiter / die Lehrkraft sind sie ohne große Vorbereitung einsetzbar. Sie brauchen wenig bis gar kein Material. Die meisten Übungen sind auch mehrfach durchführbar. Sie verlieren nicht an Spannung.

Bei einigen Übungen kann es günstig sein, etwas Zeitdruck aufzubauen (z. B. „Die Eierauffangmaschine", S. 105). Ansonsten besteht die Gefahr, dass dominante Spieler das Projekt für sich vereinnahmen. Ist ein Zeitlimit gesetzt, sind Kinder / Jugendliche so aufgeregt, dass hierfür keine Zeit bleibt. Alle müssen sich beteiligen.
Besteht ein zusätzlicher Anreiz, z. B. eine besondere Belohnung (siehe S. 22) oder die Aussicht auf einen Fairnesspreis (siehe S. 25), macht die Übung noch mehr Spaß.

Frau M. hat sich vorgenommen, Jan gezielt zu unterstützen. Im Unterricht setzt sie Übungen zum Sozialen Lernen ein. Sie entscheidet sich für die „Lebende Mühle" (S. 101). Jan ist ganz aufgeregt, Mühle kann er gut. Er meldet sich leise und kommt in ein Team mit zwei anderen Spielern. Sie entscheiden gemeinsam, wer anfängt. Frau M. bemerkt, dass Jan unruhig und angespannt wird. Er darf nicht als Erster anfangen und muss seinen Mitspieler vorlassen. Frau M. ist gespannt, was passiert. Jan reißt sich zusammen und tatsächlich gewinnt seine Mannschaft aufgrund der guten Zusammenarbeit. Die drei Spieler geben sich die Hand. Frau M. geht zu Jan, gibt ihm den versprochenen Lolli für den Sieg und lobt ihn für seinen Teamgeist. Jan guckt entgeistert: „Ist doch klar, ohne Teamgeist läuft doch gar nichts!" – Frau M. schmunzelt ...

Schulkinder  **geeignet**

Jugendliche **geeignet**

Lebende Mühle

Alter	Anzahl der Spieler	Dauer	Materialien
ab 8 Jahren	2 Gruppen mit jeweils 3 Spielern	ab 15 Minuten	9 Stühle, Nummerierungen für die Spieler (Seite 103)

Fördert

Arbeiten im Team, Kommunikation, Konzentration, Kooperation, Kreativität, Merkfähigkeit, Zuhören

Beschreibung

Neun Stühle werden in Dreierreihen aufgestellt. Zwei Parteien mit je drei Mitspielern stellen sich einander gegenüber auf.
Wer anfängt, kann ausgelost werden.
Spieler 1 der ersten Mannschaft setzt sich auf einen Stuhl. Jetzt ist der Spieler 1 der Gegenmannschaft an der Reihe. Er setzt sich ebenfalls auf einen Stuhl, und so geht es im Wechsel weiter. Sitzen alle Spieler, muss Spieler 1 der ersten Mannschaft aufstehen und sich einen neuen Sitzplatz suchen. Dann steht Spieler 1 von Mannschaft 2 auf und sucht sich ebenfalls einen neuen Sitzplatz, usw. Kein Spieler darf auf seinem Platz sitzenbleiben.
Jede Mannschaft versucht, durch Besetzen von drei Stühlen nebeneinander, hintereinander oder in der Diagonale eine Mühle zu erhalten und das Spiel für sich zu entscheiden.
Die Reihenfolge der Spieler beider Parteien muss unbedingt eingehalten werden.

Varianten

- Die Spieler können sich beraten, wie sie „ziehen“ – bzw. wie sie sich setzen wollen.
- Jeder Spieler hat einen farbigen Zettel. Darauf steht seine Nummer und die Farbe bestimmt seine Teamzugehörigkeit.
- Die einzelnen Teammitglieder dürfen sich nicht mehr untereinander beraten.

Auswertung

Wie habt ihr im Team zusammengearbeitet?
Was hat euch dabei geholfen, erfolgreich zu sein?
Gab es taktische Fehler?
Wie kann man die vermeiden?

Hinweise

Lebende Mühle gehört zu den beliebtesten Spielen aller Altersstufen. Sie kann gut als Belohnung eingesetzt werden. In vielen Schulen wird sie am Ende der Stunde gespielt. Nach einiger Zeit, wenn die Gruppe Erfahrung mit dem Spiel hat, organisieren die Mitspieler das Spiel selbst. Sie trainieren sich dadurch in ihrer Selbstständigkeit, im selbstorganisierten Lernen und in der Zusammenarbeit. In manchen Gruppen ist es sogar so, dass zeitgleich zwei Spielfelder aufgebaut werden.
Lebende Mühle eignet sich auch gut als Turnier: Mehrere Gruppen (mindestens vier) spielen dann gegeneinander. Nach einer ersten Runde spielen als nächstes die Verlierer gegen die Verlierer und die Gewinner gegen die Gewinner solange, bis eine Rangreihe entstanden ist.

Grundaufstellung Lebende Mühle

Mühle (Beispiel):

diagonal

horizontal

vertikal

Vorlagen für die Nummerierung der Teilnehmer:

Lebende Mühle

Schulkinder geeignet

Jugendliche geeignet

Eierauffangmaschine

Alter	Anzahl der Spieler	Dauer	Materialien
ab 8 Jahren	beliebig	ca. 45 Minuten	pro Gruppe (3–5 Mitspieler) drei stabile Plakat- oder Fotokartons, Scheren, Tacker, pro Gruppe ein rohes Ei

Fördert

Arbeiten im Team, Kooperation, Kreativität, Regellernen, Rücksichtnahme, Selbstbewusstsein

Beschreibung

Die Gruppen erhalten die Anweisung, innerhalb von 15 Minuten eine *Eierauffangmaschine* zu bauen. Dabei werden keinerlei Vorgaben gemacht – außer, dass die „Maschine" selbstständig stehen muss. Jede Gruppe erhält drei Kartons, Scheren und Tacker und beginnt mit der Konstruktion.
Nach fünfzehn Minuten wird aus zwei Metern Höhe von einem Mitglied der Gruppe ein rohes Ei in die Maschine fallengelassen. Dabei kann der Schüler auf einem Tisch oder einem Stuhl stehen. Fängt die Maschine das Ei auf, ohne dass es zerbricht, ist die Konstruktion gelungen. Zerbricht das Ei, ist es auch nicht schlimm, weil alle ihren Spaß haben.

Varianten

–

Auswertung

Wie entstand in der Gruppenarbeit die „Maschine"?
Hast du eigene Ideen eingebracht?
Was ist in deiner Gruppe besonders gut gelungen?

Hinweise

Bei der *Eierauffangmaschine* handelt es sich um ein außerordentlich kreatives Spiel, bei dem die Kooperation zwischen den Schülern besonders wichtig ist. Jeder kann seine Ideen einbringen. Die meisten Maschinen fangen die Eier erfolgreich auf.
Es passiert allerdings häufig, dass Teilnehmer in der Aufregung das Ei daneben werfen. Auch beim Aufputzen oder Wegwischen sind die Gruppen oft sehr ideenreich und immer kooperativ.

Schulkinder  **geeignet**

Jugendliche **geeignet**

Luftballonstechen

Alter	Anzahl der Spieler	Dauer	Materialien
ab 8 Jahren	6 vor der Gruppe	15–20 Minuten	Sicherheitsnadeln, Korken, Luftballons, Malerkrepp für die Begrenzung

Fördert

Arbeiten im Team, Einhalten von Grenzen, Kooperation, Regellernen, Rücksichtnahme, Selbstbewusstsein, Spannungsabbau, Umgang mit Aggressionen, Umgang mit gefährlichem Material

Beschreibung

Vor dem Spiel wird das „gefährliche Material" vorbereitet. Es handelt sich dabei um einen Korken, durch den eine Sicherheitsnadel gesteckt wurde. Eine Nadel alleine würde den Zweck ebenfalls erfüllen, durch den Korken haben die Spieler aber einen besseren Griff.

Im Raum wird ein Spielfeld, ähnlich einem Fußballfeld, mit Krepp abgeklebt. An den Außenrändern der Tore befinden sich zwei Stühle. Darauf stellen sich später die Torwarte.

Die Spieler bilden zwei Mannschaften mit jeweils drei Spielern. Untereinander entscheiden die Spieler, wer ins Tor gehen soll. Nun stellen sie sich entsprechend der Abbildung auf (siehe S. 108).

Zwischen dem Spielfeld und dem Torwart befindet sich eine „Todeszone". In diese darf keiner der Spieler treten. Diese wird eingeführt, um eine Distanz zwischen dem Torwart, der die Nadel in der Hand hält, und den Spielern herzustellen.

Ziel des Spiels ist es, einen Luftballon auf den eigenen Torwart zuzutreiben, damit dieser ihn zerstechen kann. Jedes Zerstechen führt zu einem Punkt für die eigene Mannschaft.

Die Spieler müssen dabei sehr genau auf einige Regeln achten: (a) sie dürfen nicht in die „Todeszone" treten, (b) sie dürfen die Begrenzung des Spielfeldes nicht verlassen und (c) der Luftballon muss getrieben werden, d.h. er darf nicht festgehalten und zum Tor transportiert werden.

Nach drei Bällen werden die Mannschaften gewechselt.

Varianten

–

Auswertung

Wie hat dir das Spiel gefallen?
Konntest du dich gut an die Regeln halten?
Habt ihr als Gruppe gut zusammengearbeitet?

Hinweise

Bei diesem Spiel lernen Kinder und Jugendliche besonders, auf Begrenzungen und Regeln zu achten. Außerdem trainieren sie sich im vorsichtigen Umgang mit gefährlichem Material.

Zusätzlich üben sie eine Vielzahl an Ordnungsprinzipien ein:
Bevor der Torwart auf die Stühle steigt, muss er die Schuhe ausziehen.
Nach dem Spiel liegen die zerstochenen Luftballons auf dem Boden. Auch hier gilt: Wer gespielt hat, ist für das Aufräumen zuständig. In der Schule ist häufig zu beobachten, dass sich Lehrkräfte dafür verantwortlich fühlen. Sie meinen es gut. Im Sinne der Selbstständigkeitserziehung wäre es aber falsch. Da Kinder, und besonders die Lebhaften, solche Aufgaben gerne übernehmen, gibt es damit in der Regel keine Probleme. Man muss es ihnen nur sagen. Bei Jugendlichen ist die Begeisterung geringer ausgeprägt. Aber auch sie helfen mit.

Luftballonstechen

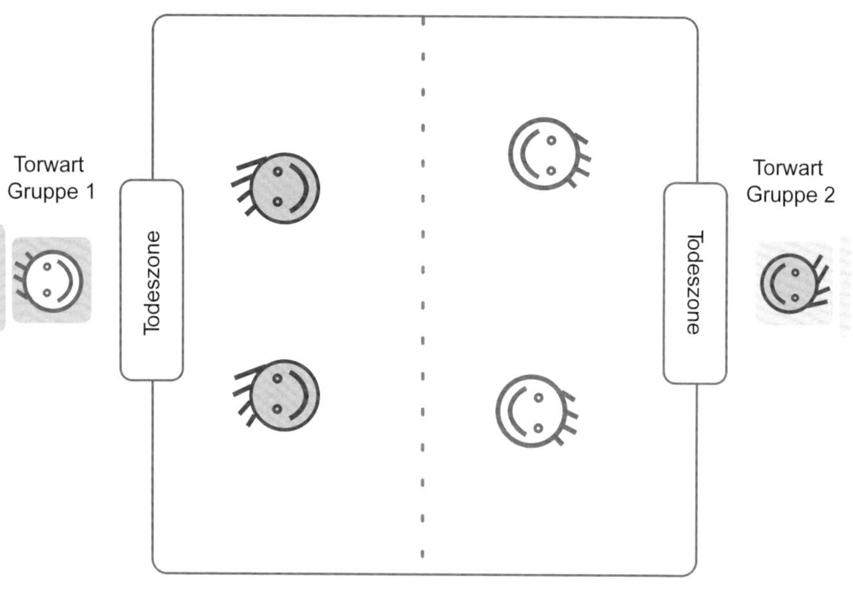

Schulkinder  **geeignet**

Jugendliche **geeignet**

Schrubber-Hockey

Alter	Anzahl der Spieler	Dauer	Materialien
Ab 8 Jahren	beliebig	ca. 10 Minuten	2 Stühle, 2 Schrubber, 1 Putzlumpen

Fördert

Kooperation, Konzentration, Merkfähigkeit, Reaktion, Regellernen, Spannungsabbau, Zuhören

Beschreibung

Die Gruppe wird in zwei Mannschaften geteilt. Beide Mannschaften stellen sich einander gegenüber auf. Dabei stehen die Mitspieler Schulter an Schulter, sodass jeweils ein Spieler der einen Mannschaft, einem Spieler der anderen Mannschaft in die Augen schauen kann.
An den jeweiligen Enden der Reihen steht ein Stuhl. An diesen Stühlen sind die Schrubber angelehnt (siehe Abbildung, S. 110).

Das Spiel kann beginnen: Der Anleiter ruft eine Nummer auf (z.B. die „Zwei“). Die jeweiligen Nummern „Zwei“ der beiden Mannschaften laufen los und nehmen den Schrubber der eigenen Mannschaft, laufen damit zum Putzlumpen und versuchen diesen in das Tor hineinzuschießen.
Das versucht der Spieler der gegnerischen Mannschaft zu verhindern.
Während des Spiels muss (a) der Schrubber die ganze Zeit auf dem Boden sein (werden die Schrubber hoch genommen, kann es leichter zu Verletzungen kommen), (b) der Putzlumpen immer frei beweglich sein, das heißt, kein Spieler darf mit dem Fuß auf dem Lumpen stehen und (c) die eigene Mannschaft den Spieler anfeuern.
Gewonnen hat die Mannschaft mit den meisten Toren.

Varianten

- Die Lehrkraft nennt zwei verschiedene Zahlen.
- Bei besonders großen Gruppen oder jüngeren Kindern ist es sinnvoll, die Namen zu sagen statt der Zahlen, da sie sich meist hohe Zahlen nicht merken können.

Auswertung

Wie hat dir das Spiel gefallen?

Hinweise

Schrubber-Hockey ist in allen Altersstufen beliebt. Es kann auch gut in der Pubertät und bei älteren Jugendlichen eingesetzt werden.
Neben der Konzentration wird auch das Zuhören gut trainiert. Besonders effektiv ist es, wenn die Zahlen zu Beginn ganz leise gesagt werden. Dann können selbst die größten Störenfriede mucksmäuschenstill sein.

Schrubber-Hockey

Mannschaft 1:

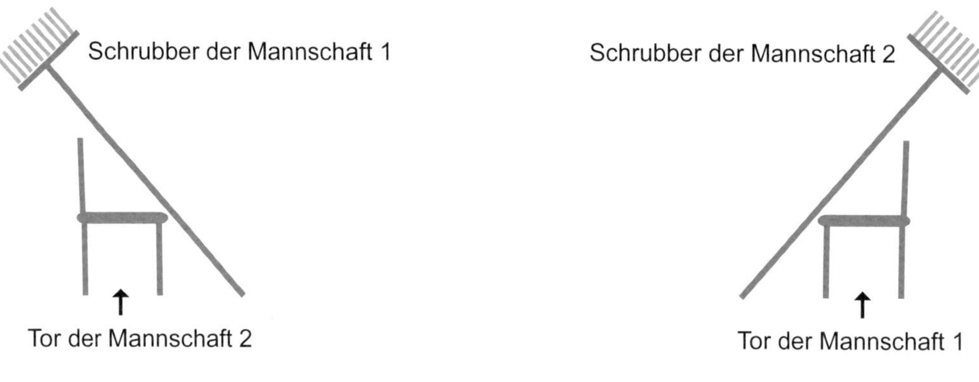

Mannschaft 2:

Hier gibt jeder sein Bestes!

Tauziehen

Alter	Anzahl der Spieler	Dauer	Materialien
ab 6 Jahren	beliebig	10 Minuten	Tau, Malerkrepp (für die Mittellinie)

Fördert

Arbeiten im Team, Einhalten von Grenzen, Kooperation, Regellernen, Rücksichtnahme, Spannungsabbau, Zusammenarbeit

Beschreibung

Zwei Gruppen stehen sich gegenüber. Alle Spieler bekommen eine Nummer zugeteilt, indem der Anleiter beide Gruppen für sich genommen durchzählt. Jede Zahl ist also zweimal vergeben. Einmal bei Gruppe 1 und einmal bei Gruppe 2. Zwischen den beiden Gruppen ist auf dem Boden eine Linie gezogen, die den Raum in zwei Teile teilt. Auf dieser Linie liegt ein Tau.
Nun sagt der Anleiter eine Zahl. Die beiden Spieler mit der entsprechenden Zahl müssen zu dem Tau laufen und versuchen, es über die Mittellinie zu ziehen. Wer es schafft, hat einen Punkt für seine Mannschaft ergattert.
„Schläft" jemand, hat es die andere Mannschaft natürlich sehr leicht. Das Tau lässt sich problemlos über die Linie ziehen.

Varianten

Der Anleiter nennt mehrere Nummern und alle müssen gleichzeitig „an einem Strang ziehen" (siehe Foto, S. 114).

Auswertung

Wie war die Übung für dich?
Konntet ihr gut zusammenarbeiten?

Hinweise

Dieses Spiel erfordert eine gewisse Geschicklichkeit und Stärke. Eher körperlich schwächere Kinder können jedoch die Schwäche gut durch flinkes Reagieren wettmachen, so dass alle Kinder Spaß haben.
Bei jüngeren Spielern sollte man festlegen, welche Mannschaft an welchem Ende das Tau zieht. Bei Jugendlichen kann man dies offenlassen.

Tauziehen

Mannschaft 1:

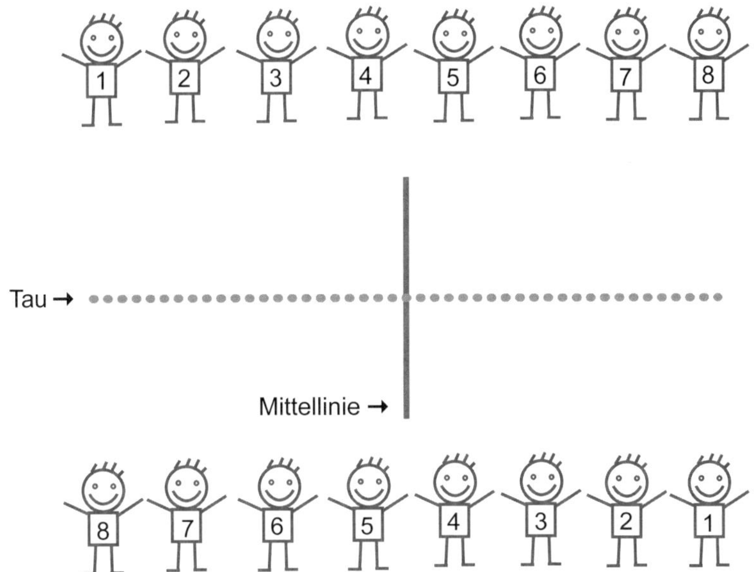

Mannschaft 2:

Schulkinder geeignet

Jugendliche geeignet

Reise nach Timbuktu

Alter	Anzahl der Spieler	Dauer	Materialien
ab 8 Jahren	beliebig	15 Minuten	einige Stühle, Musik

Fördert

Arbeiten im Team, Einhalten von Grenzen, Konfliktlösung, Kooperation, Regellernen, Rücksichtnahme, Umgang mit Aggressionen, Zusammenarbeit

Beschreibung

Die Spielidee ähnelt der *Reise nach Jerusalem*.
Die Spieler kreisen um Stühle, solange Musik ertönt. Die Stühle stehen mit den Rücken zueinander. Es sind deutlich weniger Stühle als Spieler.
Wenn die Musik aufhört, steigen die Spieler so schnell sie können auf einen Stuhl. Auf einen Stuhl dürfen so viele Spieler wie möglich. Wer keinen Platz mehr findet, mit einem Fuß noch den Boden berührt oder während der Musikpause von dem Stuhl herunterfällt, scheidet aus. Die Spieler dürfen sich gegenseitig festhalten und zusammenarbeiten.
In der letzten Runde, wenn nur noch zwei Spieler und ein Stuhl übrig sind, gewinnt der Spieler, der als erster auf dem Stuhl steht.

Varianten

Mehrere Gruppen spielen gegeneinander: diejenige Gruppe mit den meisten Spielern auf der geringsten Anzahl Stühle gewinnt.

Auswertung

Wie gut konntet ihr kooperieren?
Was hat euch dabei geholfen, erfolgreich zu sein?
Wie könnt ihr das nächste Mal noch besser zusammenarbeiten?

Hinweise

Das Spiel eignet sich sehr gut als Partyspiel.
Der Reiz des Spieles liegt darin, dass es auf den Stühlen eng ist.
Für aggressive Kinder und Jugendliche ist es besonders schwer, Nähe zu ertragen. Sie verstehen engen Körperkontakt als Angriff. Spiele, in denen es eindeutig ist, dass der Körperkontakt nicht gegen sie gerichtet ist, helfen ihnen dabei, dieses Problem zu überwinden. Trotzdem kann es zu Konflikten kommen. Unter dem Trainingsaspekt ist das in Ordnung. Die Mitspieler müssen den Konflikt dann angemessen lösen (durch z. B. Entschuldigen, *Schere, Stein, Papier* spielen, wenn es darum geht, wer auf dem Stuhl bleiben darf, etc.).

Schulkinder  nicht geeignet

Jugendliche  geeignet

Die einsame Insel

Alter	Anzahl der Spieler	Dauer	Materialien
ab 14 Jahren	nicht über 10 Spieler, evtl. 2 Gruppen	ca. 45 Minuten	Zettel mit unterschiedlichen Berufen

Fördert

Arbeiten im Team, Kommunikation, Konfliktlösung, Kooperation, Kreativität, Perspektivübernahme, Zuhören

Beschreibung

Die Jugendlichen bilden eine oder mehrere Gruppen von acht bis zehn Spielern. Die Berufe werden auf kleine Zettel geschrieben und aus einem Hut oder Gefäß heraus gezogen.
Jeder zieht einen Zettel, auf dem eine Rolle aufgeschrieben ist, die er im Spiel einnehmen soll:

- Arzt
- Lehrkraft
- Filmstar
- Automechaniker
- Sekretär
- Verkäufer
- Minister
- Computerfachmann
- etc.

Die Gruppen erfahren nun, dass sie Schiffbrüchige sind, die auf einer einsamen Insel gelandet sind. Die Insel ist groß genug für die Gruppe und hat auch genügend Wasser – aber nur für sechs Personen Essen.
Deshalb muss man sich von einigen Gruppenmitgliedern trennen. Jeder legt nun dar, warum er die Erlaubnis erhalten sollte, zu überleben. Es wird eine Gruppenentscheidung darüber gefällt, wer geht und wer bleibt.
Selbstmordkandidat oder Mörder sind nicht als Rolle erlaubt.
Für die Entscheidung wird eine Zeitbegrenzung vorgegeben.

Varianten

Anstelle von Berufen können auch berühmte Personen genannt werden:

- Präsident der Vereinigten Staaten
- Kleopatra
- Albert Einstein

- Elvis Presley
- etc.

Auswertung

Wie hat die Gruppe gehandelt?
Welche Entscheidungen hat sie getroffen?
Wer aus der Gruppe war sehr aktiv?

Hinweise

Das Spiel erfreut sich bei Jugendlichen großer Beliebtheit, weil es nach demselben System aufgebaut ist, wie die bei Jugendlichen sehr beliebten Fernsehserien *Big Brother* etc. in denen auch immer einzelne Mitglieder ausscheiden.

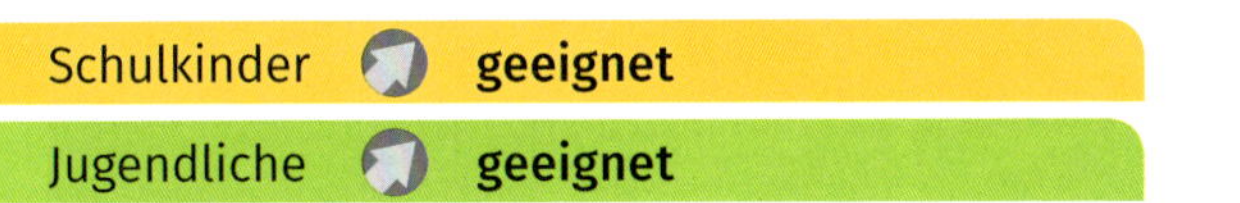

Zollstock

Alter	Anzahl der Spieler	Dauer	Materialien
ab 8 Jahren	beliebig, in Gruppen à 3–4 Spieler	15 – 20 Minuten	mehrere Zollstöcke, 9 Münzen pro Gruppe

Fördert

Arbeiten im Team, Kommunikation, Konfliktlösung, Konzentration, Kooperation, Kreativität, Zusammenarbeit

Beschreibung

Es werden Kleingruppen mit drei bis vier Spielern gebildet. Sie erhalten einen Zollstock und neun Geldstücke. Der Zollstock wird auf den Boden gelegt und an jedem Gelenk geknickt. Auf jedes Gelenk wird ein Geldstück gelegt. Wenn alle Zollstöcke vorbereitet sind, beginnt die eigentliche Aufgabe: Den Zollstock gerade zu biegen, ohne dass eine Münze herunterfällt.
Die herabgefallenen Geldstücke werden gezählt und mit den Ergebnissen der anderen Gruppen verglichen. In einem zweiten Durchgang kann das Ergebnis verbessert werden.

Varianten

Mehrere Gruppen spielen gegeneinander. Sie bekommen jeweils einen Zollstock und neun Münzen. Diejenige Gruppe, die es als erstes schafft, den Zollstock

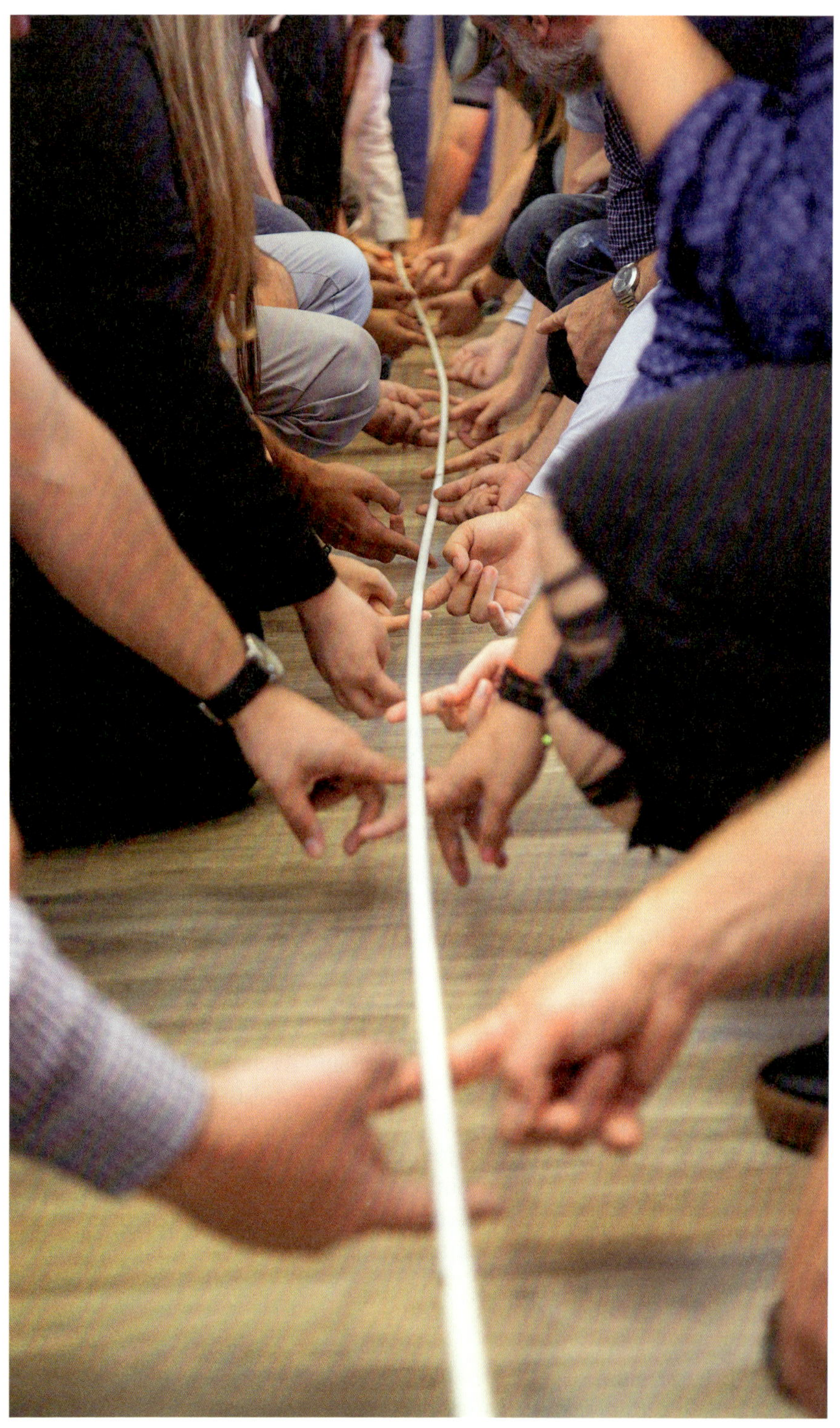

auszuklappen und alle Münzen aufzulegen, gewinnt. ACHTUNG: Es darf nicht der gesamte Zollstock aufgeklappt und dann die Münzen aufgelegt werden. Nach jedem Gelenk muss sofort eine Münze aufgelegt werden.

Auswertung

Wie war das Spiel für dich?
Wie gut konntet ihr zusammenarbeiten?
Was hat euch bei der Lösung besonders unterstützt?

Hinweise

Das Spiel ist sehr kooperativ. Es fördert die Konzentration und verlangt Teamfähigkeit.

Blindenführung

Alter	Anzahl der Spieler	Dauer	Materialien
ab 8 Jahren	beliebig, in Zweiergruppen	20 Minuten	großer Raum, evtl. Kapuzen

Fördert

Arbeiten im Team, Beobachtungsfähigkeit, Kommunikation, Konzentration, Kooperation, Rücksichtnahme, Zusammenarbeit

Beschreibung

Ein Spieler schließt die Augen und wird von seinem Partner durch den Raum geführt. Dabei muss der Führende darauf achten, dass der Geführte nirgendwo anstößt. Nach einer vom Anleiter vorgegebenen Zeit (zwei bis acht Minuten haben sich bewährt) tauschen beide die Rollen.
Das Spiel kann sowohl drinnen als auch draußen gespielt werden. Einen besonderen Reiz erfährt das Spiel, wenn Stationen eingebaut sind. An diesen können besondere Tast-, Hör- oder Geruchsaufgaben gestellt sein. Hierzu stellt man Gegenstände bereit. Dies können Tastsäcke, Duftproben oder Ähnliches sein. Auch der Bodenuntergrund kann verändert werden: Teppiche, Papier, Kies, Styroporplatte, Tablett, Blech, Pappe, etc. können einen Untergrund bilden. Die Teilnehmer können auch barfuß den Parcours abschreiten.

Varianten

- Der Führende lenkt seinen Mitspieler über Berührungen. So kann er ihn unter dem Arm nehmen oder aber Zeichen geben. Die Zeichen sind vorher abgemacht: Z.B. kann ein Tippen auf die rechte Schulter bedeuten, dass der Geführte sich nach rechts wenden soll.
- Die Schwierigkeit wird erhöht, wenn der Geführte ohne Körperkontakt den Parcours gehen soll. Die Kommandos werden dann verbal gegeben. Dies setzt Vertrauen und Sorgfalt voraus.

Auswertung

Wie war die Übung für dich?
Wie wurdest du geführt?
Ist es dir leicht gefallen, dich führen zu lassen?
Was hat es dir einfacher gemacht, dich auf die Übung einzulassen?

Hinweise

Dieses Spiel erfordert Vertrauen. Der Führende muss unbedingt darauf achten, dass Hindernissen aus dem Weg gegangen wird. Manchen Kindern fällt es schwer, die Augen geschlossen zu lassen. Hierbei kann eine Kapuze hilfreich sein. Kapuzen werden lieber in Anspruch genommen als verbundene Augen.
Das Spiel lebt von seinem Risiko. Im Anschluss sind die Mitspieler oft gelöster.
Das Spiel eignet sich gut für den Aufbau von Vertrauen.

Hinsetzen im Kreis

Alter	Anzahl der Spieler	Dauer	Materialien
ab 12 Jahren	mindestens 12	5–10 Minuten	–

Fördert

Arbeiten im Team, Gruppenerleben, Kontaktverhalten, Vertrauen

Beschreibung

Die Spieler stellen sich im Kreis auf und drehen sich so, dass sie in einer geschlossenen Reihe stehen. Sie stellen sich sehr eng hintereinander. Nun versucht sich jeder auf die Oberschenkel des Spielers hinter sich zu setzen.

Varianten

Zwei Mannschaften treten gegeneinander an. Gewonnen hat die Gruppe, die länger gehalten hat.

Auswertung

Wie hat dir das Spiel gefallen?
Wie hat es funktioniert?

Hinweise

Natürlich funktioniert das Spiel nicht immer, besonders, wenn die Spieler sehr unterschiedliche Staturen haben. Es macht den Spielern aber auch Spaß, zusammen umzukippen.
Bei pubertierenden Jugendlichen kann man gut eine Jungen- und eine Mädchenmannschaft antreten lassen.

Tausendfüßler

Alter	Anzahl der Spieler	Dauer	Materialien
ab 6 Jahren	mindestens 10	10 Minuten	viel Platz, am besten in der Turnhalle oder auf dem Schulhof

Fördert

Gruppenerleben, Kontaktverhalten, Spannungsabbau, Vertrauen

Beschreibung

Die Spieler nehmen sich an der Hand, so dass eine lange Reihe entsteht. Der erste führte die Reihe an. Er variiert das Tempo, läuft mal schneller, mal langsamer und geht beliebige Figuren. Wichtig ist, sich die ganze Zeit an den Händen zu halten. Die nachfolgenden Spieler laufen hinterher.
Nach einiger Zeit darf ein anderes Kind die Reihe anführen.

Varianten

–

Auswertung

Wie hat dir das Spiel gefallen?
Wie hat es funktioniert?
Hast du einmal die Reihe angeführt?
Wo warst du in der Schlange?
Hast du einmal losgelassen?

Hinweise

Bei einer großen Gruppe gibt es erstaunliche Effekte durch das veränderte Tempo. Die Letzten werden manchmal richtig mitgerissen oder es kann auch zu Staus kommen. Die Übung zeigt, wie anders eine Gruppe funktioniert als einzelne Personen.

Schulkinder **bedingt geeignet**

Jugendliche **geeignet**

Hochheben

Alter	Anzahl der Spieler	Dauer	Materialien
ab 10 Jahren	mindestens 8	15–30 Minuten	genug Platz, am besten pro Gruppe einen eigenen Raum

Fördert

Arbeiten im Team, Gruppenerleben, Konzentration, Verantwortung übernehmen, Vertrauen

Beschreibung

Ein Spieler legt sich auf den Rücken und sieben andere versuchen ihn mit je zwei Fingern hochzuheben. Ein Spieler hebt den Kopf, zwei je eine Schulter, zwei an den Hüften und zwei an den Knöcheln. Der Spieler, der hochgehoben werden soll, stellt sich vor, dass er so leicht ist wie eine Feder. Die anderen stellen sich ebenfalls vor, dass der Spieler nur so leicht ist wie eine Feder. Sie schieben je zwei Finger an den beschriebenen Stellen unter ihn und versuchen ihn gleichzeitig anzuheben.

Varianten

Die Gruppen bekommen nur die Anweisung, einen von sich mit je zwei Fingern hochzuheben. Sie berichten von ihren Erfahrungen und ggf. Erfolgen.

Auswertung

Wie hat es funktioniert?
Was war hilfreich?
Wie konntet ihr zusammenarbeiten?
Wie war es, hochgehoben zu werden?

Hinweise

Hochheben ist ein interessantes, gruppendynamisches Experiment. Gerade wenn die Übung bei der einen Gruppe funktioniert und bei der anderen nicht, ist es spannend, gemeinsam zu analysieren, woran das lag.

Es ist leichter aus der Haut zu fahren,
als sich drin durchaus wohl zu fühlen.

4. Aggression: Spiele zum Spannungsabbau und Übungen zum Umgang mit Aggressionen

Jonas (15 Jahre alt) hat Schwierigkeiten mit Ausrastern. Zunächst ging seine Lehrkraft, Frau M., davon aus, dass es sich um plötzlich auftretende, spontane Ausbrüche handelte. Nach dem zweiten oder dritten Ausbruch wurde ihr zudem deutlich, dass die anderen Jonas immer mehr mieden. Daraufhin wurde er wütender und seine Ausraster häuften sich. Frau M. fing an, die Wutausbrüche zu dokumentieren. Durch die Beobachtung wurde ihr deutlich, dass Jonas kaum positive, sozial kompetente Verhaltensweisen zeigte. Dies wollte sie nun mit ihm und der Klasse üben. Sie setzte verstärkt Übungen zum Sozialen Lernen und zum (angemessenen) Umgang mit Aggression ein. Dabei konnte sie beobachten: In der ersten Woche hatte Jonas zehn Wutanfälle. In der zweiten Woche waren es elf. Nach der fünften Woche zeichnete sich ein Trend ab: Jonas hatte weniger Ausraster.
Die Bemühungen von Frau M. lohnten sich. Die Auswertung zeigte Frau M. Jonas und seinen Eltern. „Endlich auch mal gute Nachrichten!", sagte der Vater von Jonas. Auch Jonas war sichtlich erfreut.[3]

Der Umgang mit aggressivem Verhalten gehört zu den größten Herausforderungen für alle, die mit Kindern und Jugendlichen arbeiten. Neben Konzentrationsproblemen ist aggressives Verhalten die am häufigsten beklagte Schwierigkeit, mit der Kinder und Jugendliche zu kämpfen haben – als Opfer und Täter. Es gibt keine Klasse und keine Trainingsgruppe, in der Aggression nicht auch eine Rolle spielt.
Aggression gehört zum Alltag.
Aus einer Vielzahl an Untersuchungen wissen wir, dass sich die Quantität der aggressiven Verhaltensweisen bei Kindern und Jugendlichen in den letzten Jahren kaum verändert hat. Sie ist eher rückläufig. Verändert hat sich die Qualität:

Frau N.-S. ist eine sehr erfahrene Kollegin an einer großen Gesamtschule in Mittelhessen. Angesprochen auf den Unterschied zwischen heutigen und früheren Schülergenerationen berichtet sie: „Genau wie früher gibt es auch heute Rangeleien auf dem Schulhof. Der größte Unterschied ist jedoch der: Früher gab es Grenzen. Wenn jemand auf dem Boden lag, hörte man auf. Heute schlagen viele dann erst richtig zu."

Justin ist 10 Jahre alt. Er ist blond, sportlich, jedoch in seiner Entwicklung etwa zwei Jahre zurück. Er verhält sich wie ein Achtjähriger. Damit „nervt" er die an-

---

3 Näheres zu Dokumentationsverfahren bei aggressivem Verhalten finden Sie bei: Krowatschek, D. & Wingert, G. (2021²). ***Schwierige Schüler im Unterricht. Hilfen bei schwierigem Schülerverhalten.*** Dortmund: verlag modernes lernen.

deren Kinder beim Fußballtraining. Kurz vor einem wichtigen Spiel platzt ihnen der Kragen. Sie umzingeln und schubsen Justin im Kreis umher. Plötzlich stürzt Justin. Er rollt sich auf dem Boden zusammen und will damit signalisieren: „Es reicht, ich gebe auf!" Jetzt beginnen die anderen, erst richtig zu treten. Als der Trainer dazwischen geht, ist es schon zu spät. Justin ist so verletzt, dass der Krankenwagen kommen muss.
Als der Arzt kommt, sind die anderen Kinder über sich selbst schockiert. Es tut ihnen leid. Das wollten sie nicht. Sie waren aber so wütend auf Justin ...

Wut und Aggression zu empfinden ist nicht das Problem. Der Umgang damit schon. Kinder müssen ihn üben. Während lange Zeit in den USA versucht wurde mit einer Null-Toleranz-Politik Gewalt durch harsche Strafen und Verbote in den Griff zu bekommen, weiß man heute, dass dies eher das Gegenteil bewirkt. Schulen, die eine solche Politik verfolgten, haben heute die meisten Disziplinschwierigkeiten und höchsten Raten an Gewalt.
Lernen Kinder, angemessen mit ihrer Wut umzugehen, konstruktiv Kritik zu üben (vgl. Kapitel 5 Feedback: Übungen zum Geben von Rückmeldung und Kritik, S. 149) und im Rahmen Aggressionen auszuleben, sind sie erfolgreicher – sowohl in Freizeit und Familie als auch in der Schule. Lehrkräfte, die sich darum bemühen, die folgenden Fertigkeiten zu trainieren, berichten von weniger Gewalt, einem positiverem Schulklima und besseren Abschlüssen (Sprick, R. & Garrison, M. (2008)):

Durch Übungen zum Umgang mit Aggressionen werden u. a. folgende Fertigkeiten trainiert:

- Einhalten von Grenzen
- Konfliktlösung
- Regellernen
- Spannungsabbau
- Perspektivübernahme
- Selbstbewusstsein
- Selbst- und Fremdwahrnehmung

In den vorgeschlagenen Übungen geht es darum, Aggressionen zu erfahren, zum Teil auszuleben und zu verringern. Es ist nicht das Ziel, Aggressionen vollständig zu beenden. Diese Übungen sind eine Zwischenstufe auf dem Weg zu einem gewaltfreien Umgang.
Es ist wichtig, nur solche Übungen durchzuführen, die man selbst für sinnvoll und in der eigenen Praxis für umsetzbar hält. Keine der Übungen ist ein MUSS. Einige von ihnen lassen ein erhebliches Ausmaß an Aggressionen zu (z. B. „Der Zeitungskampf", S. 131), so dass man durchaus seine Bedenken haben kann. Sind diese zu stark, lässt man die Übung weg. Es gibt genügend Alternativen.

Schulkinder  **geeignet**

Jugendliche  **nicht geeignet**

Schattenboxen

Alter	Anzahl der Spieler	Dauer	Materialien
ab 6 Jahren	beliebig	3–5 Minuten	–

Fördert

Regellernen, Spannungsabbau, Umgang mit Aggressionen

Beschreibung

Die Kinder sitzen auf ihren Plätzen. Zunächst macht der Anleiter das Schattenboxen vor: Er hebt die Fäuste in Brusthöhe und beginnt, zunächst langsam und dann immer schneller werdend, in die Luft zu boxen. Dabei atmet er tief ein und schreit bei jedem Boxhieb laut: *„Aaah!"* Der Schrei kommt aus dem Zwerchfell heraus. So werden Atmung und Durchblutung am besten gefördert.
Auf ein Signal des Anleiters hin machen die Kinder mit.
Wenn man es möchte, können die Beine und Füße noch hinzugenommen werden. Sie treten dann im Rhythmus mit.

Varianten

–

Auswertung

–

Hinweise

Schattenboxen gehört zu den beliebtesten Spielen von Kindern. Bei Jugendlichen in der Pubertät setzt man es nicht ein. Sie empfinden es als peinlich und brechen disziplinarisch aus.
Für Lehrkräfte hat dieses Spiel viele Vorteile. Es kann sehr einfach und schnell im Unterricht eingesetzt werden. Sie verwenden es immer dann, wenn die Kinder unter Anspannung stehen. Dies ist z. B. oft nach den Pausen oder schweren Aufgaben der Fall. Klassen sind dann sehr unruhig und benötigen ein „Ventil".
Außerdem fördert dieses dynamische Spiel durch die grobmotorische Bewegung und das Rufen die Durchblutung und ermöglicht eine gezielte Sauerstoffzufuhr. Beides gehört zu den Voraussetzungen für konzentriertes Arbeiten.

Schulkinder  **geeignet**

Jugendliche **nicht geeignet**

Bierdeckelschlacht

Alter	Anzahl der Spieler	Dauer	Materialien
ab 6 Jahren	beliebig	5–10 Minuten	Bierdeckel in großer Zahl (400 bis 500), Malerkrepp für die Mittellinie

Fördert

Arbeiten im Team, Konfliktlösung, Kooperation, Regellernen, Rücksichtnahme, Spannungsabbau

Beschreibung

Der Raum wird in der Mitte geteilt. Die Spieler gruppieren sich in zwei Mannschaften. Jede Mannschaft geht in ein Spielfeld.
Der Anleiter verteilt nun die eine Hälfte der Bierdeckel im ersten Spielfeld. Der Rest kommt ins zweite Spielfeld. Hierbei muss er darauf achten, dass die Kinder nicht schon jetzt anfangen, mit den Deckeln herumzuwerfen.
Auf ein Startzeichen fängt das Spiel an: Die Spieler versuchen alle Bierdeckel aus dem eigenen Feld in das jeweils andere zu werfen. Neu hinzugekommene Bierdeckel werfen sie zurück.
Die Schlacht dauert ca. zwei Minuten. Wenn der Anleiter das Stoppzeichen gibt, hören die Spieler mit dem Werfen auf und jede Mannschaft beginnt, die verbliebenen Deckel in ihrem Spielfeld zu zählen. Gewonnen hat diejenige Mannschaft, die zum Schluss die wenigsten Deckel in ihrem Spielfeld hat.

Varianten

–

Auswertung

Wie hat dir das Spiel gefallen?
Was hat Spaß gemacht?
Konntest du mit den anderen gut zusammenarbeiten?

Hinweise

Die *Bierdeckelschlacht* ist unter Kindern sehr beliebt. Sie gehört zu den zehn beliebtesten Spielen. Deshalb sollte man nach einer ersten Runde durchaus großzügig sein und eine zweite spielen, wenn noch Zeit ist. Die Kinder werden es honorieren.
Besonders die Überaktiven können sich nach dem Stoppsignal nur schwer zurückhalten. Sie werfen meistens noch ein oder zwei Deckel auf das gegnerische

Feld. Hierauf muss man als Anleiter streng achten und eine klare Konsequenz folgen lassen (doppelte Menge zurück, aussetzen bei der nächsten Runde, o.ä.). Macht der Spieler es beim nächsten Mal dann richtig, ist es ein guter Lernerfolg, der auch gelobt werden muss.

Wenn du ständig schnell unterwegs bist,
sei vorsichtig,
dass du dich nicht selbst überholst.

Schulkinder  **geeignet**

Jugendliche **nicht geeignet**

Begrüßungskanon

Alter	Anzahl der Spieler	Dauer	Materialien
ab 6–12 Jahren	beliebig	ca. 5 Minuten	–

Fördert

Regellernen, Spannungsabbau, Umgang mit Aggressionen

Beschreibung

Dieses Spiel kann bei beliebiger Sitzordnung gespielt werden. Es handelt sich dabei um einen Bewegungskanon und nicht um einen gesungenen, wie ihn die Kinder aus dem Musikunterricht kennen.
Zu Beginn stellt der Trainer die Figuren vor. Diese sind:
Viermal auf den Boden stampfen,
viermal mit den flachen Händen auf die Oberschenkel schlagen,
viermal in die Hände klatschen,
aufstehen und viermal *„Morgen“* (im Norden: *„Moin“*, o.ä.) rufen.
In einer Proberunde werden die einzelnen Figuren zusammen durchgeführt. Der Trainer gibt jeweils das Signal. Wenn alle Kinder die Figuren verstanden haben, werden sie in vier Gruppen eingeteilt. Auf ein Signal hin beginnt die erste Gruppe damit, viermal auf den Boden zu stampfen. Danach geht sie sofort zur nächsten Figur über, und die zweite Gruppe fängt an, auf den Boden zu stampfen. Ist die zweite Gruppe damit fertig, beginnt die dritte Gruppe usw.
Dadurch entsteht der Kanon.
Zu Beginn sollte man den einzelnen Gruppen das Signal zum Einsatz geben.
Beendet wird das Spiel, indem der Trainer ein Stoppsignal gibt. Im besten Fall hören alle Kinder gleichzeitig auf. Dazu brauchen sie jedoch einige Übung.

Varianten

Die Begrüßung *„Morgen“* kann selbstverständlich der Tageszeit angepasst oder durch *„Hey“*, o.ä. ersetzt werden. Im Englischunterricht lässt sie sich auch gut durch *„Morning“* ersetzen.

Auswertung

–

Hinweise

Man kann den Kanon zu Beginn einer Stunde einsetzen. Die Kinder bewegen sich und lernen gleichzeitig, dass man sich am Anfang einer Stunde begrüßt. Einige Kinder haben am Anfang häufig Probleme, die Struktur zu erlernen. Sie können ihre eigene Figur nur schwer durchhalten, wenn sie sehen, dass eine andere Gruppe etwas anderes tut. Deshalb sollte man zu Beginn das Tempo sehr langsam halten. Die Geschwindigkeit steigert sich dann von Mal zu Mal.

Zeitungsabschlagen

Alter	Anzahl der Spieler	Dauer	Materialien
ab 8 Jahren	beliebig	ca. 10 Minuten	zusammengerollte Zeitung (mit Klebeband umwickelt)

Fördert

Regellernen, Rücksichtnahme, Spannungsabbau, Umgang mit Aggressionen

Beschreibung

Die Teilnehmer sitzen in einem Kreis. In der Mitte des Kreises steht ein Stuhl. Der erste Spieler geht umher und schlägt mit der Zeitung einem Kind auf den Oberschenkel. Daraufhin laufen beide los. Der Abschläger legt die Zeitung auf den Stuhl in der Mitte des Kreises und versucht den freien Stuhl des abgeschlagenen Kindes im Kreis zu erreichen. Das abgeschlagene Kind versucht indes so schnell wie möglich die Zeitung vom Stuhl aufzuheben und den Abschläger damit zu berühren. Schafft er es, bekommt der Abschläger die Zeitung, muss im Kreis bleiben und der Abgeschlagene darf sich wieder setzen. Schafft er es nicht, muss er sich einen anderen Gegner suchen, den er ebenfalls abschlägt, usw.

Varianten

Der Stuhl steht außerhalb des Kreises, dadurch wird der Weg länger.

Auswertung

–

Hinweise

Das Spiel lebt von seiner Schnelligkeit. Am meisten Spaß macht es den Kindern, wenn der Abschläger nicht zu lange darüber nachdenkt, wen er als Nächsten

Bei allen ist das Zeitungsabschlagen beliebt.

herausfordert. Bei jüngeren Kindern besteht manchmal das Problem, dass sie in der Mitte des Kreises bleiben wollen. Entsprechend laufen sie nur halbherzig weg und werden immer wieder vom Verfolger getroffen. Dadurch wird das Spiel langweilig. Dann sollte der Anleiter das Kind auswechseln.
Wichtig: Die Zeitung darf erst genommen werden, wenn sie auf dem Stuhl liegt. Fällt sie herunter, muss der Abschläger zurück zum Stuhl und die Zeitung korrekt ablegen.
Als Anleiter muss man darauf achten, dass die Schläge nicht zu fest sind.

Schulkinder  **geeignet**

Jugendliche **bedingt geeignet**

Bärenjagd

Alter	Anzahl der Spieler	Dauer	Materialien
ab 6 Jahren	beliebig	10–15 Minuten	–

Fördert

Einhalten von Grenzen, Kooperation, Regellernen, Rücksichtnahme, Spannungsabbau

Beschreibung

Die Kinder stehen im Kreis. Der Spielleiter führt die Gruppe auf eine Bärenjagd. Die Teilnehmer machen die Bewegungen des Spielleiters nach und sprechen nach, was er sagt.
Alle gehen auf der Stelle.
Ruft der Spielleiter: *„Gehen wir heut auf Bärenjagd?"*, antwortet die Gruppe: *„Ja, wir gehen auf Bärenjagd!"*.
Der Spielleiter beschreibt, wie sich alle für die Bärenjagd bereit machen. Das Gewehr wird geschultert (die Gruppe macht es dem Spielleiter gleich) und ein großes Buschmesser wird seitlich in den Gürtel gesteckt. Langsam und vorsichtig wird die Tür geöffnet. Sie quietscht ganz laut (alle machen Quietschgeräusche). Alle treten vor die Tür (drei Schritte auf der Stelle). Die Tür wird geschlossen.

Der Spielleiter ruft: *„Gehen wir heut auf Bärenjagd?"*. Die Gruppe antwortet: *„Ja, wir gehen auf Bärenjagd!"*. Die gesamte Jagdgesellschaft setzt sich in Bewegung und geht auf der Stelle. Der Spielleiter ruft plötzlich: *„Was ist das?"* – Alle: *„Was*

ist das?" – Spielleiter: *„Da ist ein Wald!"* – Alle: *„Da ist ein Wald!"* – Spielleiter: *„Da können wir nicht drunter!"* – Alle: *„Da können wir nicht drunter!"* – Spielleiter: *„Da können wir nicht drüber!"* – Alle: *„Da können wir nicht drüber!"* – Spielleiter: *„Da müssen wir durch!"* – Alle: *„Da müssen wir durch!"* Der Spielleiter haut pantomimisch eine Schneise ins Unterholz: *„Hack, hack, hack, hack!"* Die Gruppe macht es ihm nach: *„Hack, hack, hack, hack!"*
Nach jedem Hindernis läuft die Gesellschaft weiter auf der Stelle, und der Spielleiter fragt, ob man heut auf Bärenjagd geht.

Weitere Hindernisse:

Fluss: Die Jagdhose wird (pantomimisch) ausgezogen, zusammengefaltet und mit dem Gewehr auf dem Kopf gehalten. Alle schwimmen mit viel Geschnaufe durch den Fluss. Am anderen Ufer angekommen, schüttelt sich jeder und zieht sich wieder an.
Brücke: Die Jagdgesellschaft trampelt über eine lange Holzbrücke. Alle trommeln mit den Fäusten auf die Brust.
Sumpf: Die Füße werden immer wieder aus dem matschigen Morast gezogen und machen viel Lärm dabei. Das Vorankommen ist schwierig.
Getreidefeld: Mit den Händen wird sich ein Weg gebahnt, indem man das Getreide zur Seite drückt.

Schließlich ist die Gruppe vor einer Höhle angekommen. Dort müssen sie ganz leise hinein (auf der Stelle schleichen). Spielleiter: *„Es ist ganz dunkel."* – Alle: *„Es ist ganz dunkel."* Spielleiter: *„Was ist denn das?"* – Alle: *„Was ist denn das?"* – Spielleiter: *„Es ist warm ..."* – Alle: *„Es ist warm..."* – Spielleiter: *„Es hat ein Fell..."* – Alle: *„Es hat ein Fell..."* Der Spielleiter schreit: *„Ein Bär! Ein Bär!"* – Alle: *„Ein Bär! Ein Bär!"* – Spielleiter: *„Weg hier!"* – Alle: *„Weg hier!"*
Die Jagdgesellschaft macht kehrt, rennt zurück und überwindet alle Hindernisse, bevor sie sicher zu Hause ankommt.
Spielleiter: *„Waren wir heut auf Bärenjagd?"* – Alle: *„Ja, wir waren heut auf Bärenjagd!"*

Varianten

Zum Schluss ist auch folgende Variante möglich:
Ist man in der Höhle angelangt, weist der Spielleiter ein Kind an, eine (gedachte) Laterne zu halten. Im Kreis laufend soll es die Höhlenwände (Teilnehmer) ausleuchten. Sobald das Kind an einem vorher eingeweihten Teilnehmer vorbeiläuft, fängt dieser an zu brüllen. Die Gruppe hat den Bären entdeckt und macht kehrt.

Auswertung

–

Hinweise

Dieses Spiel sollte mit jüngeren Kindern beim ersten Mal im Sitzen gespielt werden. Später kann die Gruppe aufstehen und auf der Stelle gehen.

Antwortet die Gruppe zu leise auf die Frage: *„Gehen wir heut auf Bärenjagd?“*, kann er darauf hinweisen, dass vor solch einem jämmerlichen Ruf kein Bär Angst haben wird und dann erneut fragen.

Schulkinder  **geeignet**

Jugendliche  **geeignet**

Evolution

Alter	Anzahl der Spieler	Dauer	Materialien
ab 10 Jahren	beliebig	5–10 Minuten	–

Fördert

Kennenlernen, Kontaktverhalten, Regellernen, Spannungsabbau

Beschreibung

Alle Spieler sind zunächst Amöben und versuchen sich im Laufe des Spiels zu Menschen zu entwickeln. Es gibt folgende Entwicklungsstufen:

Amöbe wabert durch den Raum, Arme paddeln seitlich
Kakerlake Hände als Fühler, macht *„Krack-krack-krack!“*
Schlange Hände zusammen, beschreibt Schlangenlinie, zischt
Huhn schlägt mit den Flügeln, gackert
Affe hüpft, kratzt sich unter beiden Armen, brüllt *„Uu-a-ah, uu-a-ah!“*
Mensch läuft aufrecht, stellt sich an den Rand

Alle Spieler starten als Amöbe und laufen durch den Raum. Wenn sie auf eine andere Amöbe treffen, spielen sie *Schere, Stein, Papier* gegeneinander. Der Gewinner entwickelt sich weiter und wird zur Kakerlake. Der Verlierer bleibt Amöbe bzw. fällt bei einem späteren Duell eine Stufe in der Evolution zurück. So geht es immer weiter, bis man Mensch wird. Der Mensch steigt aus der Evolution aus und stellt sich an den Rand.

Varianten

Die Entwicklungsstufen können auch andere sein, z. B. Ei, Huhn, Fliege, Affe, Professor.

Auswertung

–

Hinweise

Das Spiel wird irgendwann abgebrochen, nicht jeder kann am Ende Mensch werden.
Das Spiel macht auch Erwachsenen viel Spaß.

Schulkinder **geeignet**
Jugendliche **nicht geeignet**

Bulle im Ring

Alter	Anzahl der Spieler	Dauer	Materialien
ab 6 Jahren	beliebig	5 Minuten	–

Fördert

Arbeiten im Team, Einhalten von Grenzen, Konfliktlösung, Kooperation, Regellernen, Spannungsabbau, Umgang mit Aggressionen

Beschreibung

Die Gruppe stellt sich im Kreis auf. Ein Spieler wird zum Bullen und geht in die Mitte des Kreises. Der Bulle muss die Hände auf dem Rücken verschränken. Seine Aufgabe ist es, den Kreis der Mitspieler zu durchbrechen, ohne dabei die Hände zu benutzen. Dafür hat er 30 Sekunden bis eine Minute Zeit.
Schafft er es, hat der Bulle gewonnen. Schafft er es nicht, hat die Gruppe gewonnen – der Zaun hat gehalten.

Varianten

–

Auswertung

Wie war es für dich, die ganze Gruppe gegen dich zu haben?
Hast du Tricks angewendet, um herauszukommen?
Wie hat der Zaun gehalten?
Habt ihr euch abgesprochen oder anders verständigt?

Hinweise

Dieses Spiel macht den Kindern sehr viel Spaß. In den meisten Fällen schafft es der Bulle (mit starkem Körpereinsatz) auszubrechen.
Schwieriger wird es für den Bullen, wenn die anderen Spieler die Arme verschränken.
Das Spiel eignet sich besonders gut, um Spannungen abzubauen. Zusätzlich ermöglicht es das Einüben von Regeln. Es ist klar, dass beim Ausbruch aus dem Kreis niemand geschlagen oder getreten werden darf. Schlägt ein Kind trotz der Regel, muss der Anleiter sehr konsequent reagieren: Das Kind scheidet für diese Runde aus und muss sich entschuldigen. In der zweiten Runde kann es das Spiel noch einmal versuchen.
Gelingt es dem Kind dann, nicht zu schlagen oder zu rempeln, ist dies ein Erfolg. Das Kind hat Soziales Lernen gezeigt. Ein Lob / eine Belohnung ist dann angebracht.

Schulkinder  **geeignet**

Jugendliche **bedingt geeignet**

Löffelduell

Alter	Anzahl der Spieler	Dauer	Materialien
ab 8 Jahren	2 vor der Gruppe	10–15 Minutenn	4 Löffel, 2 Radiergummis (Äpfel, Kartoffeln, o. ä.)

Fördert

Beobachtungsfähigkeit, Konfliktlösung, Regellernen, Rücksichtnahme, Spannungsabbau, Umgang mit Aggressionen

Beschreibung

Zwei Spieler erhalten jeweils zwei Löffel. Einen davon halten sie in der rechten, den anderen in der linken Hand. Die Spieler legen einen Radiergummi auf einen der beiden Löffel.
Nun versuchen beide Spieler, den Radiergummi des Gegners vom Löffel herunterzuschlagen. Dazu dürfen sie nur ihren freien Löffel benutzen.
Derjenige, dessen Radiergummi als Erster fällt, hat verloren.

Varianten

Statt Radiergummis können auch Äpfel, Kartoffeln o. ä. eingesetzt werden.

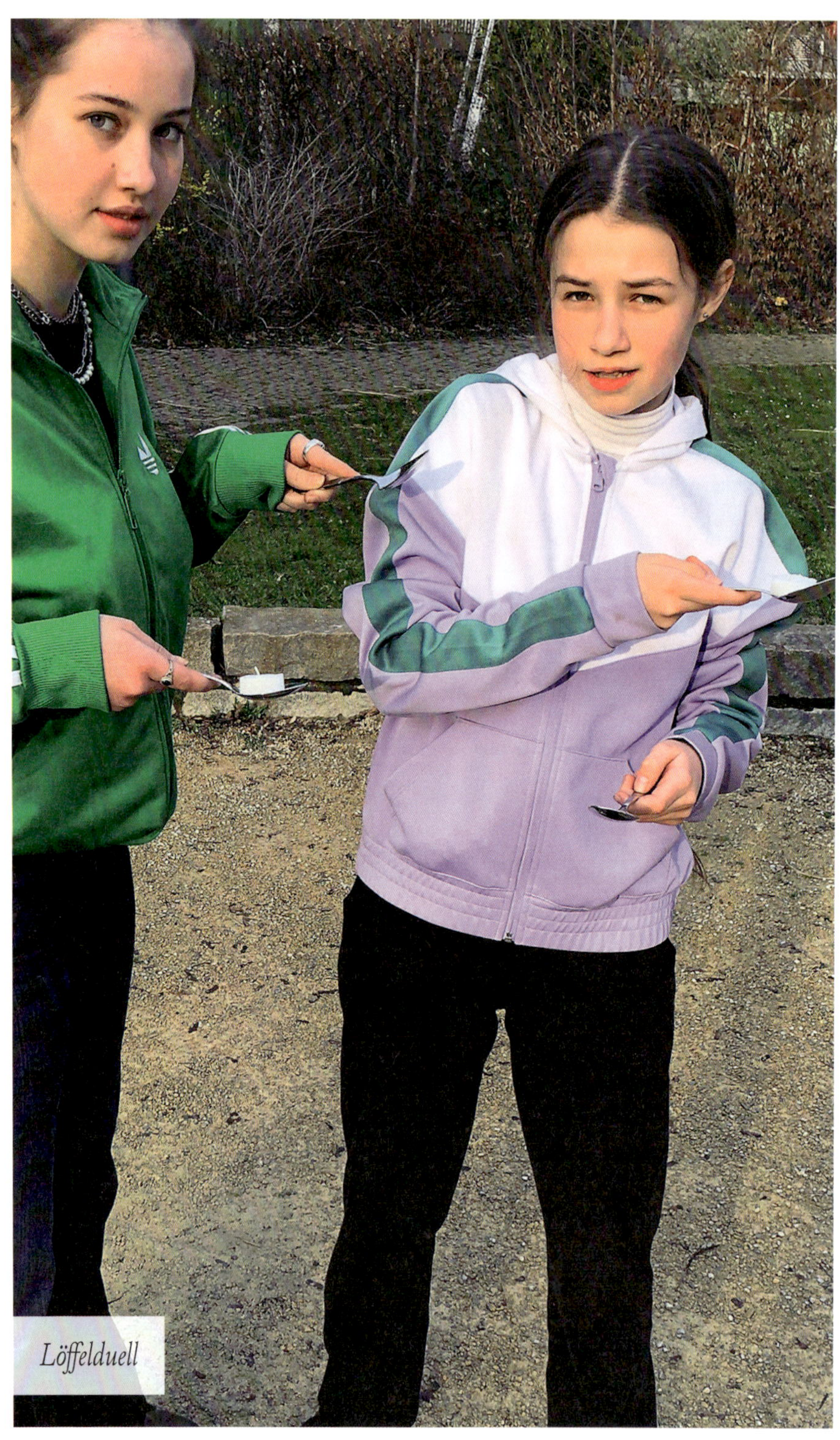
Löffelduell

Auswertung

Wie war das Spiel für dich?
Ist es dir schwer gefallen, zu verlieren oder gelang es dir schon gut?
Wie hast du versucht, deinen Radiergummi zu schützen?

Hinweise

Da die Kinder den Radiergummi balancieren müssen, erfordert das Spiel ein gewisses Maß an Geschicklichkeit. Einige Kinder haben damit Probleme.

Schulkinder  **geeignet**

Jugendliche  **bedingt geeignet**

Dänisches Daumenringen

Alter	Anzahl der Spieler	Dauer	Materialien
ab 8 Jahren	2 gegeneinander vor der Gruppe	3–5 Minuten	–

Fördert

Konfliktlösung, Spannungsabbau

Beschreibung

Zwei Partner geben sich so die Hand, dass die Daumen noch frei beweglich sind. In einem Duell versucht jeder Spieler den Daumen des Gegners für eine gewisse Zeit unter seinen eigenen zu drücken.

Varianten

–

Auswertung

Wie war das Spiel für dich?
Gab es besondere Tricks, die du angewendet hast?

Hinweise

Dänisches Daumenringen ist ein sehr altes Spiel. Es kann gut eingesetzt werden, wenn zwei Kinder einen Konflikt miteinander haben. Ähnlich wie das *Schere,*

Stein, Papier kann dieser stellvertretend durch das *Dänische Daumenringen* gelöst werden.
Wie bei allen Spielen, die mit Kämpfen zu tun haben, ist es sinnvoll, ein Ritual einzuführen: Vor dem Ringen müssen die Kinder sich gegenseitig fragen, ob sie miteinander ringen wollen. Nach dem Ringen sind das Gratulieren und der Handschlag Zeichen von guter sozialer Kompetenz.

Schulkinder  **geeignet**
Jugendliche  **nicht geeignet**

Der Sockenkampf

Alter	Anzahl der Spieler	Dauer	Materialien
ab 6 Jahren	beliebig	10 Minuten	evtl. Malerkrepp

Fördert

Einhalten von Grenzen, Konfliktlösung, Spannungsabbau, Umgang mit Aggressionen

Beschreibung

Zwei Kinder kämpfen vor der Gruppe. Bevor der eigentliche Sockenkampf startet, fragt ein Kind das andere: *„Willst du mit mir kämpfen?"* Das gefragte Kind kann nun mit *„Ja"* oder *„Nein"* antworten. Antwortet es mit *„Ja"*, gehen beide Kinder in die Mitte des Raumes und ziehen die Schuhe aus. Dort sagen beide Kinder zueinander: *„Ich kämpfe mit dir und ich achte dich."* Dann beginnt der Kampf. Beide Kinder hocken sich auf den Boden, sie dürfen nicht aufstehen. Aufgabe ist es, dem anderen Kind einen Socken zu stehlen. Wer das als erstes schafft, hat gewonnen.
Es ist wichtig, darauf zu achten, dass keine Gewalt angewandt wird. Schlagen, Treten oder bewusstes Niederdrücken sind verboten und führen zu Disqualifikation. Das Kind muss dann ausscheiden.

Varianten

- Es hat sich sehr bewährt, zusätzlich eine „Arena" abzustecken. Dies ist ein aus Malerkrepp begrenzter Spielbereich in der Mitte des Raumes. Wird ein Kind aus der Arena herausgedrängt, hat es verloren.
- Es können auch mehrere Kinder gegeneinander spielen. Dann scheiden nacheinander diejenigen Kinder aus, die einen Socken verloren haben.

Das Leisezeichen gehört zum Standardrepertoire eines jeden Kindes, denn: Wer sich leise melden kann, kommt dran!

(Und nicht derjenige, der am lautesten ruft).

Auswertung

Wie war das Spiel für dich?
Gab es einen Trick, den du angewendet hast?

Hinweise

Das Spiel macht sehr viel Spaß. Es ist auch sehr witzig. Auf spielerische Art und Weise lernen die Kinder hier, Grenzen und Regeln einzuhalten. Verstößt ein Kind gegen die Regeln, scheidet es für diese Runde aus.
In der nächsten Runde kann es sich wieder bemühen und neu mitmachen.

Schulkinder **geeignet**

Jugendliche **bedingt geeignet**

Rückendrücken

Alter	Anzahl der Spieler	Dauer	Materialien
ab 6 Jahren	2 vor der Gruppe	10–15 Minuten	Malerkrepp für die Begrenzung

Fördert

Einhalten von Grenzen, Regellernen, Rücksichtnahme, Spannungsabbau, Umgang mit Aggressionen

Beschreibung

Auf dem Boden des Raumes wird ein Spielfeld abgesteckt. Dieses sollte so groß sein, dass zwei Spieler sich darin gut bewegen können.
Zwei Spieler setzen sich nun in die Mitte des Spielfeldes. Dabei drehen sie sich den Rücken zu und lehnen sich aneinander. Auf das Signal des Anleiters hin, fangen die beiden Kontrahenten an, sich so fest wie möglich aus dem Spielfeld herauszuschieben. Dabei dürfen weder die Hände benutzt, noch darf der Po vom Boden hoch genommen werden.
Derjenige, der den anderen zuerst aus dem Feld herausschiebt, gewinnt.

Varianten

–

Auswertung

Wie war das Spiel für dich?
Gab es Tricks, die du angewendet hast?
War es schwierig, nur die Kraft der Beine und nicht die der Arme zu benutzen?

Hinweise

Auch bei diesem Spiel hat es sich bewährt, den Anfang ritualisiert zu gestalten. Das heißt, das herausfordernde Kind fragt ein anderes Kind, ob es mit ihm kämpfen will. Hierdurch üben Kinder, dass nicht jeder kämpfen möchte. Dies ist etwas, was insbesondere den überaktiven und aggressiven Kindern und Jugendlichen fremd ist. Hierdurch können sie es lernen.
Besonders die aggressiven Kinder haben Schwierigkeiten mit Berührung. Sie müssen lernen, dass nicht jede Berührung ein Angriff ist. In diesem Spiel können sie das gut. Sie fangen an, Berührung zu ertragen, da es zum Spiel gehört. Die Kämpfe laufen in der Regel sehr fair ab.

Schulkinder  **geeignet**

Jugendliche  **nicht geeignet**

Hahnenkampf

Alter	Anzahl der Spieler	Dauer	Materialien
ab 6 Jahren	2 vor der Gruppe	10–15 Minuten	evtl. Belohnung (Lolli oder ähnliches), Malerkrepp

Fördert

Regellernen, Spannungsabbau, Umgang mit Aggressionen

Beschreibung

Auf dem Fußboden des Raumes wird ein Spielfeld abgesteckt, z.B. mit Malerkrepp.
Zwei Spieler stellen sich einander gegenüber auf. Sie verschränken die Arme und entscheiden sich für ein Bein, auf dem sie den Rest des Spiels stehen wollen. Aufgabe der Spieler ist es, den jeweils anderen dazu zu bringen, auf das andere, d.h. das hoch gezogene, Bein zu treten. Wenn jemand das schafft, hat er gewonnen.

Auf eine zweite Art kann das Spiel ebenfalls gewonnen werden: Das Spielfeld hat klare Grenzen, die nicht übertreten werden dürfen. Verlässt ein Spieler das Feld, hat der andere gewonnen.
Hat ein Kind dreimal hintereinander gewonnen, kann es eine Belohnung bekommen.

Varianten

–

Auswertung

Wie war das Spiel für dich?
Welche Tricks hast du angewendet?

Hinweise

Dieses Spiel kann auch gut mit ungleich starken Paaren gespielt werden. Kleinere und schmächtigere Kinder haben den Vorteil, dass sie meist flinker sind. Am geschicktesten ist es, einem stärkeren Gegner schnell auszuweichen. Er kommt daraufhin ins Taumeln und fällt, ähnlich wie im Judo, aufgrund der eigenen Kraft. Das Spiel trainiert gut ein, auf Grenzen zu achten, da das Spielfeld klar abgesteckt ist. Der Anleiter sollte hierauf besonders streng, das heißt klar und eindeutig, achten.

Kämpfen mit Regeln

Alter	Anzahl der Spieler	Dauer	Materialien
ab 6 Jahren	jeweils 2 vor der Gruppe	20 Minuten	evtl. eine Matte oder Malerkrepp für die Absperrung

Fördert

Beobachtungsfähigkeit, Konfliktlösung, Regellernen, Rücksichtnahme, Spannungsabbau, Umgang mit Aggressionen

Beschreibung

Es werden Ringkämpfe durchgeführt.
Das Einhalten der Regeln ist streng zu beachten. Kinder, denen das Einhalten vorgegebener Regeln schwer fällt, scheiden aus, bekommen aber in einer zweiten Runde eine neue Chance. Die Teilnahme dabei ist freiwillig und der Herausforderer fragt vorab: *„Willst du mit mir kämpfen?"*
Dabei kann das aufgeforderte Kind *„Ja"* oder *„Nein"* antworten. Bei *„Ja"* gehen beide in die Mitte. Eine Matte oder eine mit Malerkrepp abgeklebte Fläche dienen als Begrenzung des Spielfeldes. Zunächst beginnt man mit dem Satz: *„Ich möchte mit dir kämpfen und ich achte dich."* Dies sagen beide zueinander.
Anschließend wird ein Stoppzeichen vereinbart, das jeder selbst festlegen kann, z. B. das Heben der Hand, auf den Boden klopfen, *„Stopp!"* rufen etc. Das Stoppzeichen ist unbedingt einzuhalten.
Ringen bedeutet anfassen, umfassen, ziehen und drücken – anderes ist nicht erlaubt. Der Anleiter gibt ein Startzeichen und für jede Runde stehen zwei Minuten zur Verfügung.
Unter den Spielern wird ein Schiedsrichter bestimmt.
Im Anschluss bedankt sich jeder Teilnehmer beim anderen.

Varianten

–

Auswertung

Wie war das Spiel für dich?
Konntest du die Regeln einhalten?
Was fiel dir schwer? Was ist dir gut gelungen?
Wie hat dein Mitspieler reagiert?
Wann warst du besonders fair?
Wann war der andere besonders fair?

Hinweise

Das Ringen wird als Ritual durchgeführt. Die vorgegebenen Sätze müssen unbedingt gesprochen werden. Bei Regelverstoß wird sofort abgebrochen. Teilnehmer, die ausgeschieden sind, sollten aber unbedingt eine zweite Chance erhalten.

Schulkinder  **bedingt geeignet**

Jugendliche **geeignet**

Zeitungskampf

Alter	Anzahl der Spieler	Dauer	Materialien
ab 10 Jahren	2 vor der Gruppe	15–20 Minuten	Malerkrepp, Zeitungen (zusammengerollt und mit Klebeband verbunden)

Fördert

Einhalten von Grenzen, Konfliktlösung, Regellernen, Spannungsabbau, Umgang mit Aggressionen

Beschreibung

Im Gruppenraum wird mit Hilfe von Malerkrepp ein Spielfeld abgesteckt. Es sollte ungefähr zwei mal drei Meter groß sein, so dass zwei Teilnehmer gut darin Platz haben und voreinander ausweichen können.
Ein Spieler erhält als Erstes eine Zeitungsrolle. Er darf nun streng ritualisiert einen Mitspieler fragen, ob dieser mit ihm kämpfen möchte. Dazu geht er zu seinem Wunschgegner und fragt: *„Willst du mit mir kämpfen?"* Der andere kann sich nun entscheiden und das Angebot zu kämpfen annehmen oder ablehnen. Lehnt er es ab, fragt der erste Spieler jemand anderes. Nimmt er die Herausforderung an, stellen sich beide im Spielfeld auf.
Die beiden Spieler schlagen nun mit den Zeitungsrollen solange aufeinander ein bis eine der Rollen kaputt ist. Derjenige hat gewonnen, dessen Rolle als Erstes auseinanderfällt.
Für das Spiel gibt es strenge Regeln:

- Es darf nicht in folgende Bereiche geschlagen werden: Kopf, Brust, Bauch und Genitalien. Sollte jemand doch – beabsichtigt oder nicht – in einen dieser Bereiche schlagen, wird er umgehend disqualifiziert.
- Es darf nicht weiter geschlagen werden, wenn ein Spieler das Spielfeld verlässt. Egal ob beabsichtigt oder nicht. Der Rest des Raumes bildet sozusagen einen Notausgang.
- Wenn einer der Spieler *„Stopp!"* ruft, wird das Spiel sofort abgebrochen.

Varianten

–

Auswertung

Wie war die Übung für dich?
Hat es Spaß gemacht, den anderen zu schlagen?

Wie war es, selbst geschlagen zu werden?
Was denkst du, wie war es für den anderen?

Hinweise

Das Spiel probt den Ernstfall. Es lässt Aggressionen bewusst zu. Als Trainer sollte man es nur einsetzen, wenn man dazu stehen kann. Möchte man es nicht durchführen, gibt es Alternativen, die ebenfalls das Einhalten von Grenzen trainieren (z. B. Der Sockenkampf, S. 140, etc.). Sie haben jedoch den Nachteil, dass sie die Realität nicht so eindringlich simulieren. Auf Schulhöfen haben wir heute zunehmend das Problem, dass in Rangeleien und Schlägereien völlig wahllos zugeschlagen wird. Viele Kinder haben Schwierigkeiten damit, Grenzen zu erkennen. Diese mit ihnen in einem geschützten Rahmen zu trainieren, stellt einen ersten Schritt in Richtung Gewaltfreiheit dar.
Vielen der Kinder (besonders den Stärkeren) ist nicht bewusst, dass sie dem anderen Leid zufügen. In der beschriebenen Übung erfahren gerade auch diejenigen, die sonst aufgrund ihrer Körperstärke keine Opfer sind, was es heißt, in der Opferrolle zu sein.
Schulklassen nehmen die Übung gerne an, da sie für die Gruppe eine Möglichkeit darstellt, Konflikte in einem klaren, spielerischen Rahmen auszuagieren.
Besonders Mädchen schätzen die Übung, da sie durch Geschicklichkeit fehlende Körperkraft ausgleichen können.

„Ein Freund ist niemand, der mir immer nur das Positive sagt. Ein Freund ist jemand, der mir dabei hilft, weiter, höher zu kommen."

(Royston Maldoom, im Film *Rhythm is it*)

5. Feedback: Übungen zum Geben von Rückmeldung und Kritik

Tom ist ein übermütiger und sehr aufgeweckter Junge von neun Jahren. Er gehört zu den Leistungsstärksten seines Jahrgangs. Seine Ideen sowohl im Unterricht als auch im Spiel sind exzellent. Die Klassenlehrerin ist von ihm – fachlich – begeistert. In der ersten und zweiten Klasse gehörte Tom auch zu den beliebtesten Kindern. Seine Sportlichkeit und witzigen Ideen sorgten oft für Erheiterung. Seit einiger Zeit jedoch meiden ihn die Klassenkameraden – obwohl sie sonst sehr sozial eingestellt sind. Seine Lehrerin macht sich mittlerweile Sorgen um ihn: Die Mitschüler wenden sich ab, wenn er kommt oder beenden ihr Spiel. Zu Recht, wie sie findet: Tom kann es nicht ertragen, wenn Kritik geäußert wird. Beim kleinsten Hinweis rastet er aus und beschimpft die anderen. Andererseits ist er sehr freizügig mit seinen Äußerungen. Besonders eine schüchterne Schülerin, der das Lernen schwerer fällt, hat er „auf dem Kieker". Er bezeichnet sie als „doof, behindert und eh bescheuert". Die anderen wollen das nicht mehr mitmachen und grenzen ihn nun aus – egal wie ideenreich und sportlich er ist.

Eine Lehrkraft berichtete uns einmal: „In meiner Berufsfachschulklasse habe ich in der letzten Woche das Experiment „Fünf Finger, fünf Komplimente" (siehe S. 158) durchgeführt. Es war eine sehr schöne Stunde. Die Schüler haben sich gegenseitig gelobt, in den Arm genommen und bedankt. Es war wirklich bewegend. Am nächsten Tag kam ein Kollege auf mich zu. Er unterrichtet in derselben Klasse, drei Stunden später. Er fragte mich: „Sag' mal, was hast du denn gestern mit den Schülern gemacht? So ruhig waren die ja noch nie – und vor allem: noch nie so ausgeglichen."

Wenn Kinder und Jugendliche einander ein Feedback geben, entwickeln sie ihre Persönlichkeit. Sie lernen ihre eigenen Stärken und Schwächen kennen und die der anderen.

Von daher zählt das Geben von Feedbacks zu den grundsätzlichen Fähigkeiten im Sozialen Lernen:

Durch Feedbackübungen werden u. a. folgende Fertigkeiten trainiert:

- Beobachtung
- Kommunikation
- Konfliktlösung
- Kritikfähigkeit
- Perspektivübernahme
- Selbst- und Fremdakzeptanz
- Selbst- und Fremdwahrnehmung
- Zuhören

In der Schule haben Feedbackübungen einen zusätzlichen, besonderen Stellenwert. Die Lehrkraft erhält durch sie eine Rückmeldung über ihren Unterricht (z.B. durch die „SMS an meine Lehrkraft“, S. 172). Die meisten Klassen geben wichtige Hinweise, die wertvoll für die weitere Planung sind.

Die folgenden Übungen zeichnen sich besonders dadurch aus, dass sie weder viel Zeit noch besonderes Material benötigen. Sie sind deshalb besonders gut für die Arbeit in Gruppen (sei es in der Klasse oder im Training / in der Therapie) geeignet.

Schulkinder  **geeignet**

Jugendliche **geeignet**

Blitzlichter

Alter	Anzahl der Spieler	Dauer	Materialien
ab 6 Jahren	je nach Variante	5–10 Minuten	evtl. Filzstifte und Plakatkarton

Fördert

Beobachtungsfähigkeit, Geben von Feedback, Kommunikation, Kritikfähigkeit, Selbstreflexion

Beschreibung

Blitzlichter sind kurze Feedbacks, sie können verbal oder nonverbal gegeben werden.
Die Teilnehmer halten die rechte Hand mit dem Daumen nach unten in die Höhe der Knie. Der Anleiter fragt: *„Wie war's für dich?"* Die Teilnehmer zeigen mit dem Daumen ihre Befindlichkeit an. Bleibt der Daumen weit unten auf der Höhe der Knie, war es schlecht, wird im Bereich der Brust angezeigt: nicht gut, nicht schlecht; ausgestreckter Arm mit Daumen nach oben signalisiert: *„Prima!"*

Varianten

- An die Tafel werden folgende Symbole gemalt. Jeder Teilnehmer unterschreibt unter einem der Symbole. ☺ bedeutet, alles lief gut. 😐 zeigt, dass es keine besonderen Höhepunkte gab – nicht schlecht, aber auch nicht gut. ☹ verdeutlicht, dass es schlecht lief, oder man sich schlecht fühlt.
- Die Teilnehmer sitzen im Kreis. Der Gruppenleiter stellt eine oder mehrere Fragen, z. B. *„Wie war es heute für dich?"* oder *„Konntest du bei der Gruppenarbeit gut mitarbeiten?"*. Jeder gibt nun mit den Fingern eine Antwort. Zeigt man zehn Finger, **alles bestens**, bei acht Fingern **war es gut**, bei vier Fingern **nicht ganz okay**, bei einem Finger gab es Probleme, **nichts lief gut**.
- Es wird ein Plakatkarton DIN A2 vorbereitet. Auf ihm sind Quadrate oder Rechtecke aufgetragen, entsprechend der Anzahl der Teilnehmer. Es gibt Filzstifte in drei Farben: beispielsweise Rot, Grün, Blau. Der Gruppenleiter fragt: *„Wie war es heute für dich?"* Das Feedback beschränkt sich auf diese Frage. Sonst müsste man mehrere Plakatkartons vorbereitet haben.
  Es gibt drei Antwortmöglichkeiten: sehr gut oder gut (roter Filzstift), mittelmäßig, keine besonderen Höhepunkte (grüner Filzstift), eher schlecht (blauer Filzstift). Jeder Teilnehmer malt eines der Quadrate in der seiner Antwort entsprechenden Farbe aus. Das Poster mit den Vierecken sollte nicht zu klein sein.

- Verbales Blitzlicht. Ein Blitzlicht ist eine Momentaufnahme. Auf die Frage *„Wie war es heute für dich?“* (oder andere Frage) antwortet jeder **höchstens mit einem Wort** oder **einem Satz** – keinesfalls mehr.

Auswertung

–

Hinweise

Blitzlichter lassen sich schnell und unkompliziert in jede Gruppe einführen. Sie geben eine Rückmeldung darüber, wie das Trainierte angekommen ist. Zusätzlich lernen Kinder und Jugendliche, Vorangegangenes zu reflektieren und angemessen eine Rückmeldung zu geben.

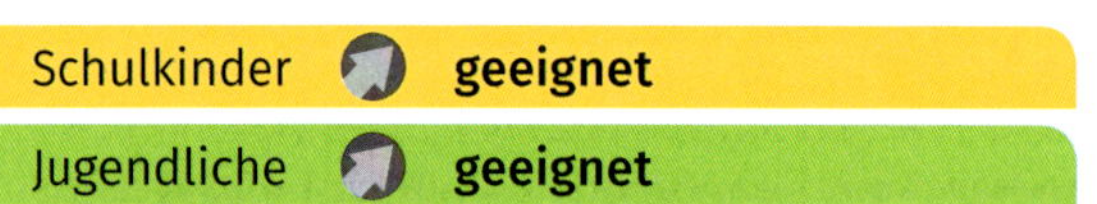

Die Wetterkarte

Alter	Anzahl der Spieler	Dauer	Materialien
ab 8 Jahren	beliebig	30 Minuten	Arbeitsvorlage mit Wettersymbolen in der Anzahl der Teilnehmer (Seite 153), ein Poster zum Aufkleben der Wettersymbole, Klebstoff, Stifte, Scheren

Fördert

Geben von Feedback, Kennenlernen, Konfliktlösung, Selbstreflexion, Selbstwahrnehmung

Beschreibung

Jeder Mitspieler erhält die Kopiervorlage mit den Wettersymbolen. Wenn jemandem zusätzliche Symbole einfallen, werden sie selbstverständlich noch aufgenommen.
Jeder beurteilt eine zurückliegende Aktivität mit einem Wettersymbol, das man ausmalt. So können beispielsweise die Gruppenstunde, die Phase einer Gruppenarbeit, eine Gruppenarbeit insgesamt, eine Unterrichtsstunde oder ein Tag etc. beurteilt werden.
Man verdeutlicht durch das Wettersymbol, wie es während der Aktivität ging und ob man von ihr profitiert hat.

Wetterkarte

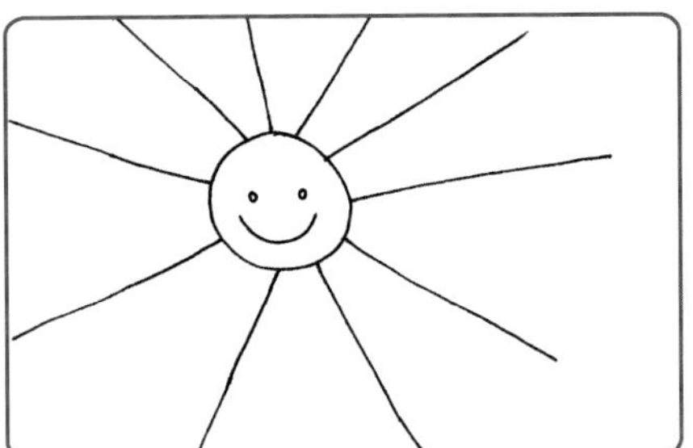

Ich habe mich wohlgefühlt, alles lief gut.

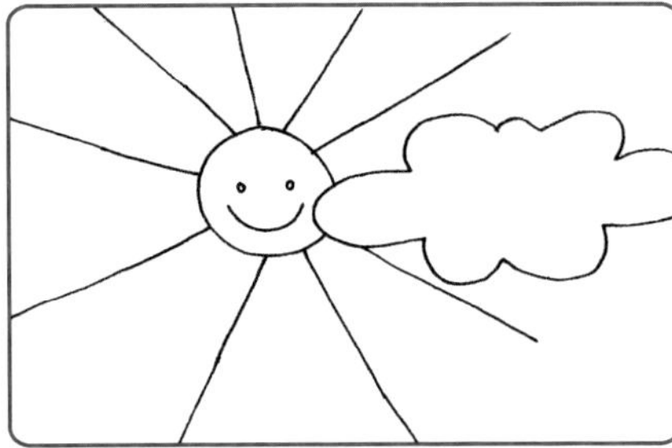

Manches hat gut geklappt, manches hat nicht gut geklappt.

Es hat mir keinen Spaß gemacht. Ich fand es langweilig.

Ich habe keinen Durchblick mehr.

Es gab Spannungen, Konflikte und Schwierigkeiten. Ich bin genervt.

Ich habe mich nicht wohlgefühlt.

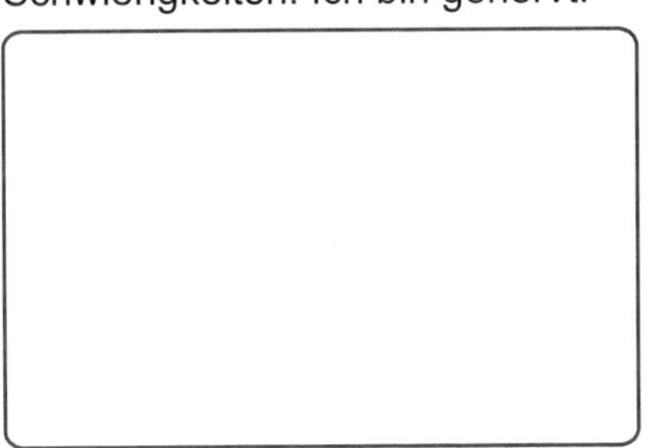

Die Wettersymbole müssen definiert sein:

Sonne: Ich habe mich wohlgefühlt, alles lief gut.
Wolken mit Sonne: Manches hat gut geklappt, manches hat nicht gut geklappt.
Regen: Es hat mir keinen Spaß gemacht. Ich fand es langweilig.
Nebel: Ich habe keinen Durchblick mehr.
Gewitter: Es gab Spannungen, Konflikte und Schwierigkeiten. Ich bin genervt.
Frost: Ich habe mich nicht wohlgefühlt.

Varianten

Am günstigsten ist es, einen Plakatkarton vorzubereiten, ihn vor der Gruppe aufzuhängen und jeder kann ein Wettersymbol von seiner Vorlage ausschneiden und aufkleben.

Auswertung

Wie hat dir die Übung gefallen?
Was fällt dir an der gemeinsamen Wetterkarte auf?
Wie sieht deine persönliche Wetterkarte aus (wenn erstellt)?
Wie geht es dir jetzt?

Hinweise

Bei der *Wetterkarte* lernen schon junge Kinder, ihre aktuelle Situation zu reflektieren und ein differenziertes Feedback zu geben.

Thermometer

Alter	Anzahl der Spieler	Dauer	Materialien
ab 8 Jahren	beliebig	5–10 Minuten	Kreppband, Thermometer (Seite 156)

Fördert

Geben von Feedback, Kommunikation, Kritikfähigkeit, Merkfähigkeit, Selbstreflexion

Beschreibung

Anhand einer Skala äußern sich die Teilnehmer zu einem Thema. Dies kann z.B. die Frage sein: *„Wie war die letzte Stunde für mich?“* oder *„Ich habe in der letzten Stunde viel / wenig gelernt.“* Dazu wird auf dem Boden eine Skala aufgezeichnet oder geklebt, ähnlich einem Thermometer. Das eine Ende des Raumes stellt den Nullpunkt dar, das andere Ende bildet das Maximum, z.B. die Zahl 10. Die Einteilung in Zehnerschritte hat sich bewährt, wobei nicht jeder Zwischenschritt abgebildet sein muss. Es reicht z.B. für die Zahlen 0, 5 und 10 Markierungen zu haben.

Die Teilnehmer stellen sich anhand der Skala auf. Lautet die Frage beispielsweise *„Wie war die letzte Stunde für dich?“* bedeutet 0 = „schlecht“, 5 = „mittelmäßig, ohne besondere Höhen und Tiefen“ und 10 = „sehr gut“.
Eine Vielzahl an Fragen ist denkbar:

- „Wie geht es dir heute?“ (0 = „schlecht“, 10 = „sehr gut“)
- „Wie verständlich war mein Unterricht heute?“
  (0 = „gar nicht verständlich“, 10 = „sehr gut verständlich“)
- „Wie viel hast du heute gelernt / für dich mitgenommen?“
  (0 = „nichts“, 10 = „sehr viel“)
- etc.

Es kann auch die Zustimmung zu einer Aussage beurteilt werden:

- „Die Lehrkräfte an dieser Schule bemühen sich sehr um ihre Schüler.“
  (0 = „ich stimme gar nicht zu“, 10 „ich stimme absolut zu“)
- „Ich fühle mich in der Gruppe / Klasse wohl.“
  (0 = „ich stimme gar nicht zu“, 10 „ich stimme absolut zu“)

Varianten

Die Teilnehmer erhalten die Vorlage „Thermometer“ (S. 156). Anstatt sich im Raum aufzustellen, kreuzen sie ihre Einschätzungen entsprechend an.

Auswertung

–

Hinweise

Das *Thermometer* ist ein einfaches, schnell einsetzbares Werkzeug. Es erlaubt dem Anleiter, schnell einen Überblick über die Stimmungslage in der Gruppe zu bekommen.
Ein weiterer Vorteil liegt darin, dass sich die Teilnehmer bewegen. Ein aktives Feedback ist besonders bei Kindern und Jugendlichen, denen es schwerer fällt sich verbal zu äußern, sehr beliebt.

Thermometer

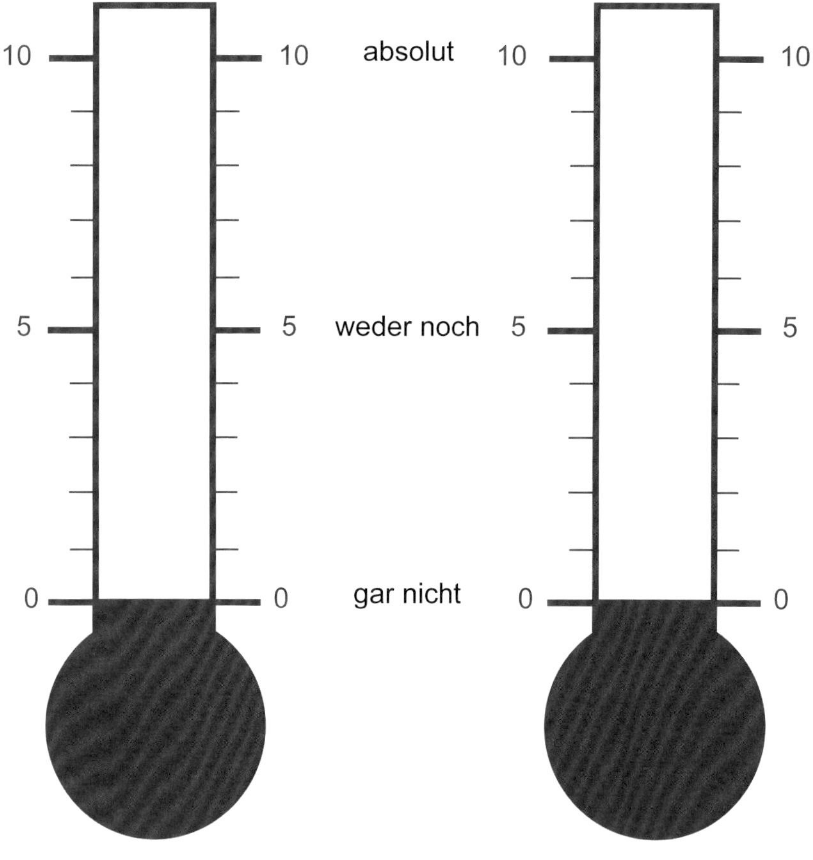

Schulkinder  **bedingt geeignet**

Jugendliche **geeignet**

Der heiße Stuhl

Alter	Anzahl der Spieler	Dauer	Materialien
ab 10 Jahren	beliebig	30 – 60 Minuten	Stuhl

Fördert

Beobachtungsfähigkeit, Geben von Feedback, Kennenlernen, Kommunikation, Kreativität, Kritikfähigkeit, Selbstakzeptanz, Selbstbewusstsein, Zuhören

Beschreibung

Die Spieler sitzen im Stuhlkreis. Ein Stuhl steht in der Mitte – der *heiße Stuhl*. Ein Mitspieler darf sich auf den heißen Stuhl setzen. Reihum sagt nun jeder, was ihm Positives an dem Spieler in der Mitte aufgefallen ist – bzw. was er an ihm gut findet. Dann kommt jemand neues an die Reihe.

Varianten

–

Auswertung

Wie war die Übung für dich?
Wie war es für dich, nur Positives zu hören?
Gab es Rückmeldungen, die du erwartest hast?
Welche positiven Rückmeldungen haben dich besonders gefreut?

Hinweise

In Selbsterfahrungsgruppen wird das Spiel oft so durchgeführt, dass jeder Kritik an dem in der Mitte Sitzenden übt. Von dieser Variante raten wir ab. Sie sollte in Gruppen nicht gespielt werden, da manche Mitspieler durch Kritik sehr verletzt werden. Dies therapeutisch wieder aufzufangen ist sehr schwer.
Für die Schule empfehlen wir es auf keinen Fall.

Fünf Finger und fünf Komplimente

Alter	Anzahl der Spieler	Dauer	Materialien
ab 8 Jahren	beliebig	ca. 30–45 Minuten	farbiges Papier (evtl. Tonpapier), Stifte und evtl. Scheren

Fördert

Geben von Feedback, Kennenlernen, Kreativität, Kritikfähigkeit, Selbstreflexion, Zusammenarbeit

Beschreibung

Jeder Mitspieler malt seine Hand auf buntes Papier auf – er fährt mit dem Stift um die einzelnen Finger herum. Die gezeichnete Hand legt er auf seinen Platz.
Jetzt gehen alle im (Klassen-)Raum herum und suchen einen Mitspieler aus, dem sie ein Kompliment machen möchten. Sie schreiben das Kompliment in einen Finger der gezeichneten Hand. Jeder kann also im Höchstfall fünf Komplimente erhalten.
Das Spiel ist zu Ende, wenn auf allen Händen fünf Komplimente stehen.

Varianten

Die Teilnehmer zeichnen die Hände auf und schneiden sie danach aus.

Auswertung

Die Auswertung erfolgt nacheinander. Die Mitspieler lesen alle Komplimente der eigenen Hand vor. Im Anschluss kann der Anleiter die Frage stellen: *„Wie war das für dich?“* Es können auch weitere Auswertungsfragen gestellt werden. Allgemein hat es sich aber eher bewährt, diese Frage stehen zu lassen. Das Experiment wirkt emotional. Weitere Auswertungsfragen könnten sein:
„Welches Kompliment hat dir besonders gut gefallen?“
„Worüber hast du dich gefreut?“
„Welches Kompliment hast du vergeben?“
„Gibt es ein Kompliment, das du dir besonders zu Herzen nimmst?“

Hinweise

Fünf Finger und fünf Komplimente ist ein einfach durchzuführendes und ganz wichtiges Experiment. Es vermittelt sehr klar und anschaulich, dass jeder in der Gruppe o.k. ist und seine positiven Seiten hat. Zusätzlich werden die Teilnehmer sensibilisiert, Positives an anderen wahrzunehmen. Selbst Mitspieler, die sonst nicht so beliebt sind, erhalten hier in der Regel fünf Komplimente. Sie können

feststellen, dass es Eigenschaften oder Dinge gibt, die andere positiv an ihnen beurteilten.
Es hat sich gezeigt, dass sowohl Kinder als auch Jugendliche dieses Experiment gern wiederholen. Diesem Wunsch sollte man auf jeden Fall nachkommen. Als Anleiter muss man darauf achten, dass tatsächlich alle Hände voll sind, das heißt, jeder Mitspieler fünf Komplimente hat. Das Spiel ist erst dann zu Ende, wenn alle ihre fünf Komplimente haben.
Die Auswertungsrunde ist mit der wichtigste Bestandteil des Experiments. Das laute Äußern eigener positiver Seiten ist für das Selbstbewusstsein von hoher Bedeutung. Zusätzlich verankern sich die positiven Aspekte in der Gruppe.
Wichtig: Der Anleiter / die Lehrkraft sollte bei diesem Experiment unbedingt mitmachen, da er / sie sich natürlich auch über positive Rückmeldungen freut.

Friedensdose

Alter	Anzahl der Spieler	Dauer	Materialien
ab 6 Jahren	beliebig	5–10 Minuten	eine schön gestaltete Friedensdose, z. B. eine mit Sternen verzierte Waschmitteltrommel, ausreichend Bonbons

Fördert

Geben von Feedback, Kommunikation, Konfliktlösung, Kritikfähigkeit, Selbstbewusstsein, Selbstreflexion, Zuhören

Beschreibung

In regelmäßigen Abständen, in der Schule mindestens aber einmal pro Woche, wird die Dose weitergegeben. Die Dose ist angefüllt mit leckeren Bonbons, Lollis, oder Ähnlichem. Jeder, der die Dose in der Hand hat, wird vom Anleiter gefragt: *„Ist bei dir alles in Ordnung?“*
„Bei mir ist alles in Ordnung“, antwortet der Gefragte und nimmt sich ein Bonbon aus der Dose und gibt sie weiter.

Besteht nun ein Konflikt, so sagt derjenige: *„Bei mir ist nicht alles in Ordnung.“* und erklärt dann, was los ist. Wenn der Konflikt vorgebracht wurde, dürfen der oder die anderen Beteiligten sich kurz dazu äußern. Dann wird derjenige, der den Konflikt benannt hat, gefragt, was er sich wünscht, damit die Sache wieder in Ordnung kommt. Auch der „Schuldige“ wird im Fall eines Streites gefragt, was er als Entschädigung anzubieten hat. Wenn sich die beiden einigen können, gibt es eine Entschuldigung (mit Handschlag und Blickkontakt). Dann kann derjenige, der den Konflikt vorgetragen hat, auch sagen: *„Bei mir ist alles in Ordnung.“*, sich ein Bonbon nehmen und die Dose weitergeben.

Varianten

Die Friedensdose eignet sich auch gut als Feedbackübung. Der Anleiter fragt dann: *„Wie war die heutige Stunde / das heutige Training / der heutige Unterricht für dich?“* Dann wandert die Dose von Person zu Person. Der Gefragte antwortet dann in einem Satz oder einem Wort. Danach geht die Dose an den Nächsten weiter.
Wichtig ist es, dass die Rückmeldung ohne Kommentar entgegengenommen wird und man am Ende mit einem empathischen *„Danke“* antwortet.

Auswertung

–

Hinweise

Bei der *Friedensdose* lernen alle Beteiligten, Konflikte zu benennen und aktiv zu klären. Das ist auch der Grund, warum dieses Ritual gerne in der Schule praktiziert wird. Auf die Einhaltung einiger Regeln sollte geachtet werden:
Wenn jemand sagt, bei ihm sei alles in Ordnung, so soll das akzeptiert werden. Es ist die Entscheidung jedes einzelnen, ob er die Chance zur Klärung ergreift.
Wurde ein Konflikt bei der *Friedensdose* beigelegt, so ist er danach erledigt, das heißt, er wird auch nicht wieder besprochen.
Fällt einem der „Beschuldigten“ keine angemessene Art der Wiedergutmachung ein, so kann der Anleiter etwas vorschlagen.

Mit der Friedensdose lernen Kinder, angemessen mit Konflikten umzugehen.

Schulkinder **geeignet**

Jugendliche **geeignet**

Schönes langes Leben

Alter	Anzahl der Spieler	Dauer	Materialien
ab 9 Jahren	beliebig	15–30 Minuten	evtl. eine Tafel, an der die Formeln stehen

Fördert

Beobachtungsfähigkeit, Geben von Feedback, Kennenlernen, Kommunikation, Konfliktlösung, Kritikfähigkeit, Perspektivübernahme, Selbstbewusstsein, Selbstakzeptanz, Zuhören

Beschreibung

Ein Teilnehmer eröffnet das Ritual, indem er zu jemandem, den er kritisieren möchte, wörtlich sagt:
„Lieber X, ich wünsche dir ein schönes langes Leben, aber mich stört an dir, dass du …"
Der angesprochene Mitspieler antwortet wörtlich:
„Vielen Dank, lieber X, dass du mir das gesagt hast. Ich bin aber nicht auf der Welt, um so zu sein, wie du mich haben willst."
Dieses Ritual kann mehrfach und auch zwischen verschiedenen Teilnehmern öfter wiederholt werden. Auch bei scheinbaren Banalitäten kann es gut eingesetzt werden. Die ritualisierte Form hilft dabei, einen akzeptablen Umgang mit Kritik zu trainieren und ist dabei für keine Seite verletzend.

Varianten

–

Auswertung

–

Hinweise

Das Experiment lebt von seiner ritualisierten Form. Zu Beginn hilft es, die Formeln an eine Tafel zu schreiben. Dann können die Teilnehmer darauf zurückgreifen, was sie entlastet. Durch die ritualisierte Form verliert die Kritik ihre Heftigkeit.
Kinder und Jugendliche lernen hierbei, Kritik anzuhören, zu akzeptieren, ohne sie notwendigerweise annehmen zu müssen.
Dies ist besonders für Kinder / Jugendliche wichtig, die Schwierigkeiten haben, Frustration zu ertragen. Sie empfinden Kritik oft als Katastrophe. Der erste

Schritt im Erlernen von Kritikfähigkeit liegt darin, sich eine andere Meinung zunächst anzuhören und sie stehen zu lassen.
Dieses Experiment lässt sich gut zu Beginn einsetzen, wenn das Thema Kritik in der Gruppe / Klasse thematisiert wird. Besonders in Berufschul- und Hauptschulklassen konnten wir beobachten, dass Schüler das Ritual gerne übernehmen. Sie wenden es dann zum Teil auch in der Pause und bei echten Konflikten an.

Schulkinder **bedingt geeignet**

Jugendliche **geeignet**

Einfluss und Vertrauen

Alter	Anzahl der Spieler	Dauer	Materialien
ab 10 Jahren	beliebig	40–60 Minuten	***bei Gruppen bis 10 Teilnehmer:*** pro Spieler: jeweils 2 blaue, rote und gelbe Karton- oder Papierstreifen ***bei Gruppen mit mehr als 10 Teilnehmern:*** pro Spieler: jeweils 3 blaue, rote und gelbe Karton- oder Papierstreifen ein großer Bogen Papier, Filzstifte

Fördert

Beobachtungsfähigkeit, Geben von Feedback, Kennenlernen, Kommunikation, Konfliktlösung, Kritikfähigkeit, Selbstakzeptanz, Selbstreflexion, Zuhören

Beschreibung

Jeder Mitspieler erhält sechs bzw. neun Kartonstreifen, je zwei bzw. drei in den Farben

Blau bedeutet Vertrauen,
Rot bedeutet positiver Einfluss auf das Gruppengeschehen,
Gelb bedeutet negativer Einfluss auf das Gruppengeschehen.

Diese Kärtchen sollen nun an die Mitspieler verteilt werden. Dabei soll man sich folgende Fragen stellen:

Zu welchen zwei (drei) anderen Mitspielern habe ich am meisten Vertrauen?
Welche zwei (drei) Mitspieler haben meiner Beobachtung nach den positivsten Einfluss auf das Gruppengeschehen?
Welche zwei (drei) Mitspieler haben meiner Beobachtung nach den negativsten Einfluss auf das Gruppengeschehen?
Es können einzelne, aber auch mehrere Kärtchen an einen Mitspieler verteilt werden („Zu dir habe ich besonders viel Vertrauen."). Die Mitspieler können Karten zurückbehalten („Ich selbst hatte am meisten schlechten Einfluss auf die Klasse.").
Die Ergebnisse werden auf einem Bogen Papier notiert und in die Kreismitte gelegt (jeweils mit Namen des Kindes und der jeweiligen Anzahl an blauen, roten und gelben Karten).
In der Auswertung sollen die einzelnen Teilnehmer ihre Verteilung begründen. Die Betroffenen bekommen dann die Möglichkeit, genauer nachzufragen.

Varianten

Selbstverständlich können die einzelnen Karten auch andere Bedeutungen haben. Diese orientieren sich an den Bedürfnissen der Gruppe und des Anleiters. Mögliche andere Bedeutungen könnten sein:

Blau Mit dir möchte ich gerne einmal ins Kino gehen.
Gelb Mit dir würde ich einmal etwas Abenteuerliches erleben wollen (z. B. etwas Verbotenes machen, zusammen in Urlaub fahren, etc.).
Rot Dir schenke ich das nächste Mal ein etwas kleineres Geburtstagsgeschenk.

Weitere Möglichkeiten sind denkbar.

Auswertung

Wie war die Übung für dich?
Ist es dir schwer oder leicht gefallen, die Karten zu verteilen?
Welche Karten hast du bekommen?
Fallen dir selbst Ideen ein?

Hinweise

Nach der Übung sollte eine kurze Reflexionsphase folgen. Hierzu können die Mitspieler eine Rückmeldung ähnlich wie beim Feedback (*Blitzlicht*, o. ä.) geben. Wichtig ist bei dieser Übung, dass immer eine leicht negative Variante dabei ist. Man erhält einen guten Überblick über die Situation in der Gruppe. Zum Teil kann man Hypothesen, die man bzgl. der Gruppe hegt, überprüfen.
Durch die Übung *Einfluss und Vertrauen* treten die Rollen der einzelnen Gruppenmitglieder deutlich hervor.

Schulkinder  **geeignet**

Jugendliche **geeignet**

Ich kann Kritik ertragen

Alter	Anzahl der Spieler	Dauer	Materialien
ab 9 Jahren	beliebig	30–45 Minuten	kleine weiße Karteikärtchen, ein breites Sortiment an Nägeln, ein Hammer, ein Holzbrett

Fördert

Beobachtungsfähigkeit, Kennenlernen, Kommunikation, Kreativität, Kritikfähigkeit, Selbstakzeptanz, Selbstwahrnehmung

Beschreibung

Jeder Mitspieler erhält ein oder mehrere weiße(s) Kärtchen. Er nimmt ein Kärtchen und überlegt, wen er aus der Klasse oder Gruppe kritisieren möchte (einschließlich Spielleiter oder Therapeut).

Auf die eine Seite des Kärtchens wird nun der Name des Mitspielers geschrieben, an den die Kritik gerichtet ist. Auf der anderen Seite wird die Kritik notiert. Sie sollte ernst gemeint sein.

Jemand beginnt und geht nun mit seinem Zettel zu demjenigen, den er kritisieren möchte. Er liest die Kritik vor und gibt dem anderen den Zettel. Gleichzeitig geht er zu dem Nägelsortiment und sucht einen Nagel aus, der von seiner Größe her zu der Kritik passt. Man kann einen sehr großen Nagel nehmen, wenn die Kritik besonders wichtig ist. Es kann aber auch ein kleiner Nagel sein, wenn die Kritik nicht so groß ist. Auch den Nagel übergibt er dem kritisierten Mitspieler.

Dieser entscheidet, ob er die Kritik akzeptieren möchte. In diesem Fall befestigt er das Kärtchen mit dem ausgewählten Nagel auf dem Brett. Er schlägt den Nagel ein. Kann er die Kritik nicht akzeptieren und hält sie für falsch, kann er den Nagel zurückgeben. Es ist aber auch denkbar, dass er die Kritik zwar akzeptiert, aber anders bewertet. Er tauscht dann z. B. den großen Nagel gegen einen kleineren und schlägt diesen in das Brett ein.

Varianten

Selbstverständlich kann die Übung auch im Positiven gespielt werden. Dann benennen die Mitspieler positive Seiten und bewerten diese. Der Gelobte schlägt genau wie beim Originalexperiment das Lob mit dem Nagel auf ein Brett.

Auswertung

Wie war die Übung für dich?

Hast du eine Karte mit Kritik erhalten?

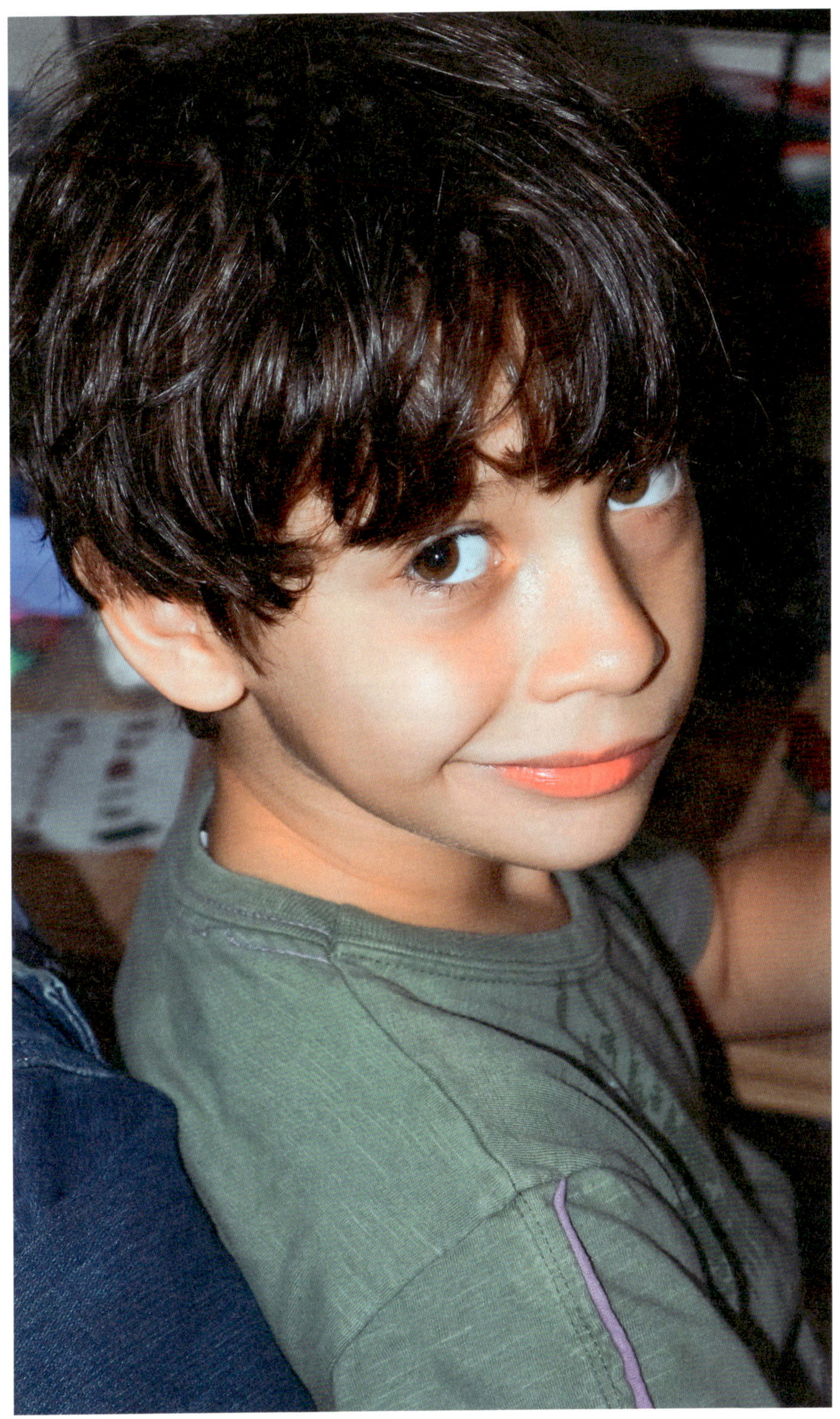

Wie hast du auf die Kritik reagiert?
Hast du selbst auch einen anderen kritisiert?
Hat die Kritik etwas bei dir verändert?

Hinweise

Viele Jugendliche empfinden Kritik oft als sehr bedrohlich. Sie schließen daraus, dass sie nicht beliebt sind und dass niemand sie mag. Sie glauben, sie seien nichts wert und hätten versagt. Mit diesem Experiment können sie lernen, Kritik zu akzeptieren, zu beurteilen und gelassen hinzunehmen. Sie können aber auch selbst an anderen Kritik üben und deren Reaktion beobachten. Dies ist natürlich auch für alle anderen Jugendlichen wichtig.
Die Durchführung ist außerordentlich spannend. In der Regel denken die Jugendlichen über die an ihnen geübte Kritik nach und können sie in dieser Form auch akzeptieren. Auch die Größe der Nägel wird reflektiert.

Fragebogen: Heute

Alter	Anzahl der Spieler	Dauer	Materialien
ab 12 Jahren	beliebig	30–45 Minuten	Fragebögen (Seite 170) in Anzahl der Teilnehmer

Fördert

Beobachtungsfähigkeit, Geben von Feedback, Kommunikation, Kritikfähigkeit, Selbstwahrnehmung

Beschreibung

Mit Hilfe eines Fragebogens geben die Schüler Rückmeldung über ihr Verhalten im Unterricht.

Varianten

Die einzelnen Fragen können auch im Rahmen eines Feedbacks (z. B. *Blitzlichter*, Seite 151) Verwendung finden.

Auswertung

Wie war die Übung für dich?
Gab es Schwierigkeiten beim Ausfüllen des Bogens?
Haben dir Fragen gefehlt?

Hinweise

Im Gegensatz zu anderen Fragebögen beurteilt der Teilnehmer hier ganz konkret sein eigenes Verhalten.

Fragebogen: Heute

Aussage*	3	2	1	0	-1	-2	-3
Ich konnte mitarbeiten.							
Ich habe mich gemeldet.							
Ich habe zugehört.							
Ich habe mich angestrengt.							
Ein Problem ist gelöst worden.							
Ich musste nicht schwätzen.							
Ich habe mich nicht gestritten.							
Ich habe mit anderen zusammengearbeitet.							
Ich wurde gelobt.							
Ich war erfolgreich.							
Ich war mutig.							
Ich war nicht ängstlich.							
Ich habe mich nicht provozieren lassen.							
Ich bin nicht ausgerastet.							
Ich habe einem anderen Kind geholfen.							
Ich habe meinen Willen durchgesetzt.							
Ich hatte genug Zeit.							
Ich habe gelacht.							

* 3 = stimme voll zu, 2 = stimme zu, 1 = stimme eher zu, 0 = teils / teils, -1 = stimme eher nicht zu, -2 = stimme nicht zu, -3 = stimme gar nicht zu.

Schulkinder  **geeignet**

Jugendliche **geeignet**

Feedback an die Lehrkraft

Alter	Anzahl der Spieler	Dauer	Materialien
ab 10 Jahren	beliebig	20–30 Minuten	Stifte und Papier

Fördert

Beobachtungsfähigkeit, Geben von Feedback, Kennenlernen, Kommunikation, Kritikfähigkeit

Beschreibung

In drei Sätzen äußern die Schüler, was sie an der Lehrkraft mögen, was ihnen missfällt und was sie sich von ihr wünschen.
Jeder Schüler hat ein Papier vor sich liegen, auf die er drei Satzanfänge schreibt. Diese stehen vorne an der Tafel:
Ich freue mich, wenn Sie …
Ich mag nicht, wenn Sie …
Ich möchte, dass Sie …
Die Klasse bekommt fünf bis zehn Minuten Zeit, damit jeder für sich die Sätze beenden kann. Danach werden die vervollständigten Sätze nacheinander von allen Schülern vorgelesen. Wenn ein Schüler fertig ist, bedankt sich die Lehrkraft bei ihm und fordert den nächsten auf, weiterzumachen. Die einzelnen Aussagen werden im Raum stehen gelassen, ohne kommentiert zu werden.

Varianten

- Die Schüler schreiben ihre Aussagen an die Tafel. Dazu schreibt die Lehrkraft die drei Satzanfänge nebeneinander und bildet drei Spalten. Die Schüler gehen zur Tafel und tragen ihre Kommentare darunter ein.
- Die Schüler lesen die Zettel nicht vor, sondern reichen sie (anonym oder offen) an die Lehrkraft weiter.

Auswertung

Wie war die Übung für dich?
Konntest du deine Meinung frei äußern?

Hinweise

Man sollte dieses Experiment nur dann durchführen, wenn eine gute Beziehung zur Klasse besteht. Dabei ist es unbedingt notwendig, geäußerte Kritik stehen zu lassen und nichts zu erklären oder zu beschwichtigen. Ansonsten entsteht der Eindruck bei den Schülern, sie könnten doch nicht das sagen, was sie denken.

Das Experiment trainiert sehr eindrucksvoll das Geben von Kritik, weil es sowohl auf Positives, als auch auf Negatives eingeht.

SMS an meine Lehrkraft

Alter	Anzahl der Spieler	Dauer	Materialien
ab 9 Jahren	beliebig	5 Minuten	Schreibzeug, Vorlage (S. 173)

Fördert

Beobachtungsfähigkeit, Geben von Feedback, Kommunikation, Kritikfähigkeit

Beschreibung

Dieses Experiment ist besonders für die Schule geeignet.
Fünf Minuten vor Schluss der Stunde verteilt die Lehrkraft die Vorlage *SMS an meine Lehrkraft* (S. 173). Die Schüler sollen nun in maximal elf Wörtern mitteilen, was sie über den Unterricht denken. Themen können sein:

- Unterrichtsstil der Lehrkraft (Arbeitstempo, Arbeitsform, Persönliches)
- Inhalt / Themen des Unterrichts
- Dinge, die nicht verstanden wurden
- usw.

Die ausgefüllten SMS geben sie mit Namen versehen oder anonym bei der Lehrkraft ab.

Varianten

–

Auswertung

In der folgenden Stunde werden die Anmerkungen der Schüler besprochen.

Hinweise

Schüler empfinden es als sehr wertschätzend, wenn man sie nach ihrer Meinung fragt. Einem Teil fällt es jedoch sehr schwer, ausführlich und lang eine Rückmeldung zu geben. Hier hat sich das Experiment *SMS an meine Lehrkraft* sehr bewährt. Auch Schülergruppen, die absolut ungern schreiben, sind hier bereit, ihre Meinung zu verschriftlichen.

...Abc

Bei dieser Übung ist es wichtig, dass sie regelmäßig wiederholt wird. Auf diese Weise kann am ehesten eingeschätzt werden, wie sich der Unterricht aus Sicht der Schüler entwickelt.
Das Auswertungsgespräch in der nächsten Stunde ist besonders bedeutend. Die Schüler müssen das Gefühl haben, dass ihre Anregungen und Kritiken ankommen.

Schulkinder **geeignet**

Jugendliche **bedingt geeignet**

Bewerbungsschreiben

Alter	Anzahl der Spieler	Dauer	Materialien
ab 8 Jahren	beliebig	20 Minuten	Kopien von S. 175, Stifte

Fördert

Fantasie, Kommunikation, Kreativität, Kritikfähigkeit, Selbstbewusstsein, Selbstwahrnehmung

Beschreibung

Die Schüler sollen ein Bewerbungsschreiben über sich selbst erstellen. Sie machen Werbung für ihre eigene Person. Das Bewerbungsschreiben muss nicht sehr lang sein. Es sollte aber folgende Punkte enthalten: meine Stärken, meine Schwächen, meine Besonderheiten, etwas, was Andere über mich sagen, etwas, was mich von Anderen abhebt.
Zunächst schreibt jeder seine eigene Bewerbung. Danach kommen die Schüler in Paaren zusammen und lesen sich die Bewerbungsschreiben gegenseitig vor. Sie denken dann über die Stärken und Schwächen des Bewerbungsschreibens nach. Evtl. schreiben sie Passagen um. Daraufhin können diejenigen, die es wünschen, ihr Bewerbungsschreiben vorlesen.

Varianten

Bewerbungsschreiben der Lehrkraft: Diesmal füllt die Lehrkraft ein Bewerbungsschreiben aus und verteilt es an die Gruppe. Auch die Lehrkraft nennt ehrlich ihre Stärken und Schwächen.

Auswertung

Wie war die Übung für dich?

Bewerbung

Meine Stärken:

Meine Schwächen:

Meine Besonderheiten:

Was Andere über mich sagen:

Was mich von Anderen abhebt:

Ist es dir leicht oder schwer gefallen, deine eigenen Stärken zu benennen?
Sind dir Stärken und / oder Schwächen eingefallen?
Was macht es so schwer, für sich selbst Werbung zu machen?
Warst du ehrlich?

Hinweise

Besonders das *Bewerbungsschreiben der Lehrkraft* ist eine beliebte Übung. Kinder und Jugendliche fühlen sich sehr wertgeschätzt, wenn sich die Lehrkraft bei ihnen „bewirbt". Am Ende kann gefragt werden, ob die Bewerbung akzeptiert und der Bewerber eingestellt wurde.

Welche Rolle habe ich?

Alter	Anzahl der Spieler	Dauer	Materialien
ab 10 Jahren	beliebig, Vierergruppen	30 Minuten	Klebezettel, Stift

Fördert

Beobachten, Einfühlungsvermögen, Fremdwahrnehmung, Kommunikation, Selbstreflexion

Beschreibung

Jeder Spieler erhält eine Rolle, die er aber selber nicht kennt. Die Rolle steht auf einem Klebezettel auf seiner Stirn, so dass die anderen sie sehen können.
Es gibt folgende Rollen:
Alles, was ich sage, ist toll!
Alles, was ich sage, ist doof!
Ignorier mich!
Unterbrich mich!
Nun diskutiert die Gruppe drei Minuten über ein Thema, z.B. „So sollte der nächste Klassenausflug sein." Jeder Spieler versucht aus den Reaktionen der anderen herauszubekommen, welche Rolle er in der Gruppe hat. Anschließend gibt jeder einen Tipp ab, welches seine Rolle war.

„Mit vier Umarmungen täglich kannst du überleben, das Erreichte sichern acht, zum Wachsen brauchst du zwölf."

Virgina Satir

Varianten

Drei Freiwillige gehen vor die Tür. Sie bekommen die Instruktion, sich Ideen für den nächsten Klassenausflug oder für eine Party zu überlegen. Die Gruppe verabredet, wie sie auf die drei Spieler reagieren werden:
Alles, was der erste sagt, wird kritisiert,
alles, was der zweite sagt, wird gelobt,
dem dritten wird nicht richtig zugehört.
Nachdem die drei Freiwilligen nacheinander ihre Ideen vorgestellt haben, werden sie gefragt, was ihnen aufgefallen ist und wie sie sich gefühlt haben.

Auswertung

Wie hat dir die Übung gefallen?
Hast du gemerkt, welche Rolle du hattest?
Wie hast du dich in deiner Rolle gefühlt?
Wie war es, wenn die anderen alles toll fanden?
Wie war es, wenn alles doof war, was du sagtest?
Wie war es, ignoriert zu werden?
Wie war es, unterbrochen zu werden?
Wie, denkst du, haben sich die anderen in ihren Rollen gefühlt?

Hinweise

Bei dieser Übung spielt die Auswertung eine große Rolle. Es geht darum, zu erkennen, wie die Reaktionen der anderen das eigene Verhalten und Fühlen beeinflussen können. Es ist eine gute Übung, um zum Thema Mobbing überzuleiten.

Schulkinder  **geeignet**

 Jugendliche  **geeignet** 

Verabredung

Alter	Anzahl der Spieler	Dauer	Materialien
ab 8 Jahren	beliebig	20 Minuten	Verabredungskarten (Seite 179), pro Teilnehmer ein komplettes ausgeschnittenes Set

Fördert

Einfühlungsvermögen, Fremdwahrnehmung, Geben von Feedback, Kontaktverhalten, Kritikfähigkeit, Selbstreflexion

Verabredungskarten

Mit dir möchte ich Schwimmen gehen.	Mit dir möchte ich jemandem einen Streich spielen.
Dir würde ich ein Geheimnis verraten.	Dich möchte ich zu mir einladen.
Dir würde ich sofort 5 Euro leihen.	Mit dir möchte ich was Verbotenes machen.
Dich würde ich sofort abschreiben lassen.	Bei der Klassenfahrt möchte ich mit dir auf ein Zimmer.
Dir schenke ich etwas Schönes zum Geburtstag.	Wenn jemand dich ärgert, helfe ich dir sofort.

Beschreibung

Jeder Spieler erhält ein Set mit Verabredungskarten. Es gibt verschiedene Aktivitäten, zu denen man sich verabreden kann:
Mit dir möchte ich Schwimmen gehen.
Mit dir möchte ich einen Streich machen.
Dir würde ich ein Geheimnis verraten.
Dich möchte ich zu mir einladen.
Dir würde ich sofort 5 Euro leihen.
.....
Alle gehen durch den Raum und legen ihre Karten auf die Plätze der Spieler, mit denen sie sich für das eine oder andere verabreden möchten.
Wenn alle Karten verteilt sind, stellt jeder Spieler vor, welche Karten er bekommen hat.

Varianten

Alle Verabredungskarten müssen an unterschiedliche Spieler verteilt werden.

Auswertung

Wie war die Übung für dich?
Wusstest du gleich, mit wem du dich für was verabreden möchtest?
Welche Karte hat dich besonders gefreut?

Hinweise

Das Spiel lässt eine Art Soziogramm der Gruppe entstehen, es zeigt sich, wer welche Rolle in der Gruppe hat.
Manchmal ist es sinnvoll, einige Karten auszuwählen und nicht alle zehn zu nehmen.

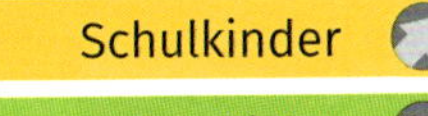
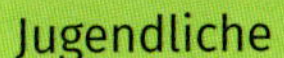

Schulkinder geeignet

Jugendliche geeignet

Poesiealbum

Alter	Anzahl der Spieler	Dauer	Materialien
ab 8 Jahren	beliebig	15–30 Minuten	DIN A4 Papier, Stifte

Fördert

Einfühlungsvermögen, Geben von Feedback, Kritikfähigkeit, Selbstreflexion

Beschreibung

Jeder Spieler faltet ein Blatt in der Mitte und legt es auf seinen Platz. Nun gehen alle Spieler durch den Raum und schreiben etwas in die „Poesiealben“: Auf die rechte Seite schreiben sie etwas, was sie an der Person gut finden und gerne mögen. Auf die linke Seite schreiben sie etwas, was sie an der Person nicht so gerne mögen.

Dann setzen sich alle zurück auf ihre Plätze. Reihum wählt jeder etwas aus seinem Poesiealbum aus, was er der Gruppe vorlesen möchte.

Varianten

–

Auswertung

Wie war die Übung für dich?
Gibt es etwas, was dich gefreut hat?
Gibt es etwas, was dich geärgert hat?
Gibt es etwas, was dich erstaunt?
Hast du etwas über dich erfahren?
Ist es dir leicht gefallen, jemand anderem etwas zu schreiben?

Hinweise

In seltenen Fällen gibt es in einer Gruppe jemanden, der nur auf der negativen Seite Eintragungen hat. Das ist für das Kind / den Jugendlichen hart, aber auch eine wichtige Rückmeldung. Diese Information muss erst verdaut werden. Als Anleiter sollte man es diesem Kind / Jugendlichen freistellen, ob es / er etwas vorlesen möchte.

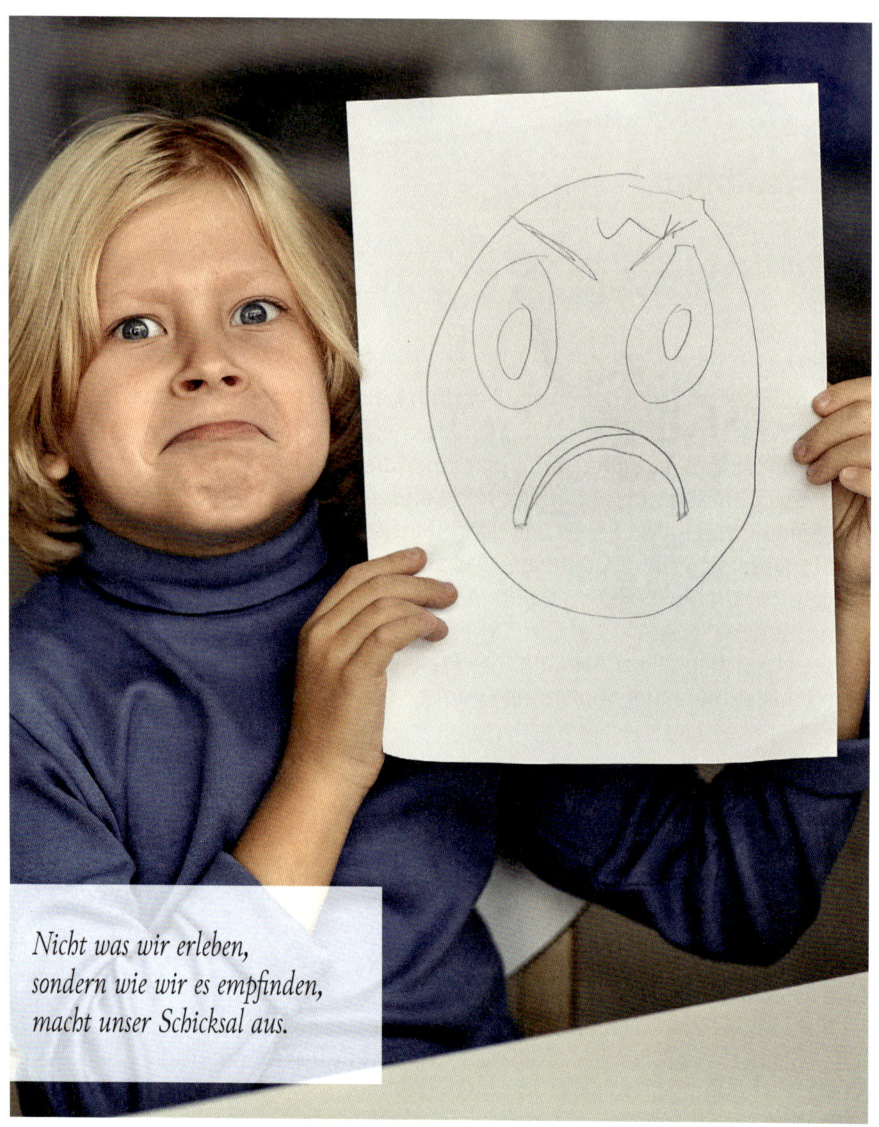

*Nicht was wir erleben,
sondern wie wir es empfinden,
macht unser Schicksal aus.*

6. Emotionen: Malexperimente / Übungen zur Förderung der Emotionalität

Experimente zur Förderung der Emotionalität gehören zu den schönsten Übungen im Sozialen Lernen. Besonders die Malexperimente erfreuen sich großer Beliebtheit. Kinder und Jugendliche lassen sich in der Regel gerne darauf ein. Die gezeichneten Bilder sind meistens sehr ausdrucksstark und geben interessante Einblicke in die Lebens- und Gefühlswelt unserer Kinder und Jugendlichen. Dabei berühren sie den Betrachter emotional.
Im Umgang mit schwierigen Schülern haben wir immer wieder festgestellt, dass besonders diese Kinder und Jugendlichen sehr fantasievolle und aufschlussreiche Bilder malen. Dabei sollte man aber die Bilder nicht zu starr interpretieren und überbewerten. So ist es beispielsweise typisch für überaktive Kinder bei dem Experiment *Meine Tür* (S. 185) sehr verschlossene und stark gesicherte Türen zu zeichnen. Dies gehört zu ihrem Temperament. Eine allgemeingültige Interpretation lassen die Übungen nicht zu.
Malexperimente werden in Gruppen gemacht, allerdings braucht man für die Durchführung sehr viel Zeit. Schon das Malen, bzw. Anfertigen einer Collage oder andere Techniken nehmen sehr viel Zeit in Anspruch. Die Auswertung darf auch nicht zu kurz kommen. Im schulischen Bereich neigen manche Lehrkräfte dazu, Schüler auf die Rückseite der Zeichnung entsprechende Kommentare schreiben zu lassen. Dies ersetzt keinesfalls die mündlichen Mitteilungen, die in der Regel ausführlicher und interessanter sind. Wenn jeder Schüler seine eigene Zeichnung erklärt, kann eine Zeitspanne von zwei bis drei Stunden problemlos vergehen. Dies lässt sich manchmal in der Schule nicht realisieren. Andererseits wäre es aber auch falsch, aus Zeitgründen nur Freiwillige ihre Zeichnung erklären zu lassen.
Bei der Auswertung der Malexperimente empfiehlt es sich, einen Sitzkreis zu bilden und die Bilder vor sich auf den Boden zu legen. So hat jeder Einblick in das, was andere gezeichnet haben und kann zu seinem Bild Kommentare abgeben, die von den anderen unter Betrachtung des Bildes verfolgt werden können. Man sollte sich von Anfang an angewöhnen, die Bilder nicht zu kommentieren. Man bringt zum Ausdruck, dass man sich über jedes Bild freut. Man begleitet dies mit dem Satz *„Es ist nicht so schlimm, wenn man etwas nicht so gut zeichnen kann, wichtiger ist, dass man es am Schluss erklärt.“*

Schulkinder  **bedingt geeignet**

Jugendliche  **geeignet**

Mein Land

Alter	Anzahl der Spieler	Dauer	Materialien
ab 10 Jahren	beliebig	30–45 Minuten	Zeichenpapier, Stifte je nach Variante

Fördert

Fantasie, Kreativität, rationales Denken, Selbstakzeptanz, Selbstbewusstsein, Selbstreflexion

Beschreibung

Es wird ein Bild gezeichnet, das die jetzige und die zukünftige Situation beschreiben soll. Dazu stellt sich jeder Teilnehmer seine heutige Situation als Landschaft vor. Diese zeichnet er auf die eine Hälfte des Bogens. Die zweite Hälfte des Bogens soll die Zukunft darstellen. Zwischen dem Heute und dem Morgen verläuft ein Fluss. Dieser stellt die Hindernisse auf dem Weg zwischen dem Heute und dem Morgen dar. Wenn beispielsweise das Heute die Schule und das Leben zu Hause darstellt, könnte die Zukunft aus Studium, Universität und einer eigenen Wohnung bestehen. In den Fluss gehörten dann beispielsweise das Abitur und Geld zur Finanzierung der eigenen Wohnung. Der Fantasie der einzelnen Zeichner sind keine Grenzen gesetzt. Manchmal bewährt es sich, die Zukunft in Jahren darzustellen. Das heißt, der Anleiter gibt vor, dass die Zukunft in fünf bzw. zehn oder mehr Jahren gezeichnet werden soll.

Varianten

Besonders bei Kindern / Jugendlichen, die Schwierigkeiten mit der Grafomotorik haben, kann es hilfreich sein, Acrylfarben zu benutzen. Dadurch werden die Bilder in der Regel sehr bunt und schön. Sie sind dann abstrakter in ihrer Natur und überdecken das zeichnerische Defizit.

Auswertung

Wie war die Übung für dich?
Ist es dir leicht gefallen, dir deine Zukunft vorzustellen?
Welche Schwierigkeiten siehst du auf dem Weg ins Morgen?
Was kann dir dabei helfen, diese Hindernisse zu überwinden?

Hinweise

Das Experiment ist sehr gut geeignet in Phasen, wenn die Zukunft eher ungewiss ist und Entscheidung anstehen. Es hilft dabei, sich kreativ mit den anstehenden Aufgaben auseinanderzusetzen. Von daher ist es besonders gut geeignet in Abschlussklassen der Haupt- und Realschulen und des Gymnasiums. Besonders Schüler, die nicht so gerne verschriftlichen, haben hier eine gute Möglichkeit, sich kreativ zu äußern und mit sich selbst und der eigenen Zukunft auseinanderzusetzen.

Schulkinder **geeignet**

Jugendliche **geeignet**

Meine Tür

Alter	Anzahl der Spieler	Dauer	Materialien
ab 8 Jahren	beliebig	20–45 Minuten	Papier, Wachsmalkreiden, Filz- oder Buntstifte, evtl. Acrylfarben

Fördert

Fantasie, Kommunikation, Kreativität, Selbstakzeptanz, Selbstbewusstsein, Selbstreflexion

Beschreibung

Die Teilnehmer malen eine Tür, durch die jeder gehen muss, um zu ihnen zu gelangen. Beim Zeichnen entdecken sie, wie leicht oder wie schwierig es ist, andere an sich heranzulassen. Dieses Experiment gibt Anregungen dazu, wie man miteinander in Kontakt treten kann.

1. Schritt

Vor jedem Kind / Jugendlichen liegen ein weißes Blatt Papier und Wachsmalkreiden. Gemeinsam wird erarbeitet, dass es ganz unterschiedliche Typen von Türen gibt. Danach sitzen die Teilnehmer wie bei einer Entspannungsübung auf ihrem Stuhl. Es folgt eine kurze Hinführung:

„Du setzt dich ruhig hin, schließt die Augen, atmest tief ein und aus. Langsam merkst du, dass du ruhiger wirst.

Schließe bitte die Augen und stelle dir deine Tür vor, durch die ein Freund, eine Freundin gehen muss, wenn er oder sie zu dir kommen möchte. Was für eine Tür ist es? Eine breite? Eine schmale? Aus Holz, Metall, Glas? Hat sie eine Klinke, gibt es ein Schloss? Ist sie offen oder geschlossen? Wer darf herein? Wie sieht der Türrahmen aus? Ist die Tür bemalt oder beklebt? Steht etwas an der Tür? Welche

Farben hat die Tür? Gibt es etwas um die Tür herum? Wie sieht es hinter der Tür aus?"

2. Schritt
Die Teilnehmer malen ihre Tür. Dabei ist auf eine ruhige Atmosphäre zu achten. Zur Unterstützung kann Musik eingesetzt werden. Das Ausblenden der Musik ist das Zeichen, dass zum nächsten Schritt übergegangen wird.

3. Schritt
Jeder stellt seine Tür vor und beschreibt sie.

4. Schritt
Feedback (Fragen: siehe Auswertung). Nach dem Feedback bedankt sich der Anleiter / die Lehrkraft freundlich für die Äußerungen. Dabei hält er oder sie Blickkontakt.

Varianten

Besonders bei Kindern / Jugendlichen, die Schwierigkeiten mit der Grafomotorik haben, kann es hilfreich sein, Acrylfarben zu benutzen. Dadurch werden die Bilder in der Regel sehr bunt und schön. Sie sind dann abstrakter in ihrer Natur und überdecken das zeichnerische Defizit.

Auswertung

Wie war es für dich?
Bist du mit deiner eigenen Tür zufrieden?
Gefallen dir die Türen anderer?
Wer darf bei dir eintreten?
Wer bleibt draußen?

Hinweise

Dieses Malexperiment führen Kinder und Jugendliche sehr gerne durch. Jeder sollte genügend Zeit für die Beschreibung seiner Zeichnung bekommen. Die Kinder und Jugendlichen geben durch ihre Zeichnungen Hinweise wie leicht oder schwer es ist, mit ihnen in Kontakt zu kommen und eine Beziehung zu ihnen aufzubauen. Manchmal entsteht dabei die Vermutung, dass es ein sehr langer Weg sein kann.
Die Türen von ADHS-Kindern wirken meist möglichst abschreckend. Sie malen ihre Türen mit Stacheldrahtzaun und detaillierten Überwachungssystemen. Oft sind lebensgefährliche Fallen eingebaut, um Eindringlinge fern zu halten. Häufig stellen sie ihre Tür als Tresor- oder Panzertür dar. Meist gibt es aber doch einen kleinen Hinweis, wie man die Tür vielleicht öffnen kann.
Das Experiment lässt sich gut im Klassenverband umsetzen.

Schulkinder  **geeignet**

Jugendliche **geeignet**

Mein Porträt / Meine Welt

Alter	Anzahl der Spieler	Dauer	Materialien
ab 8 Jahren	beliebig	mindestens 45 Minuten, bei einer Collage eher mehr	Plakatkartons in unterschiedlichen Farben (oder dünnere Bögen DIN A1), Overheadprojektor, Illustrierte und Zeitungen

Fördert

Fantasie, Kommunikation, Kreativität, Selbstakzeptanz, Selbstbewusstsein, Selbstreflexion

Beschreibung

Zwei Kinder / Jugendliche arbeiten zusammen (Partnerarbeit). Sie wählen sich zwei farbige Kartons aus.
Die Kartons werden an einer glatten Wand befestigt. Der Erste setzt sich in den Bildstrahl des Overheadprojektors und der andere zeichnet die Umrisse seines Kopfes auf den Plakatkarton. Danach wird gewechselt.
Die Köpfe können ausgeschnitten und evtl. auf einen neuen Karton geklebt werden. Es entstehen scherenschnittartige Abbildungen. Die Profile der Dargestellten sind in der Regel gut erkennbar.
Die Bilder werden in der Klasse aufgehängt – eine Galerie der Köpfe.

Varianten

Die Köpfe können als Vorlage für eine Collage verwendet werden. Zu einem Thema werden aus Illustrierten Bilder ausgeschnitten. Die Teilnehmer kleben sie auf ihren Kopf, bis vom Untergrund nichts mehr zu sehen ist.
Die Themen für die Collage orientieren sich am Alter und der Leistungsfähigkeit.

Themenvorschläge:

- Meine Hobbys (ab 8 Jahren)
- Über mich (ab 8 Jahren)
- Meine Welt (ab 10 Jahren)
- Wünsche und Ängste (ab 10 Jahren)

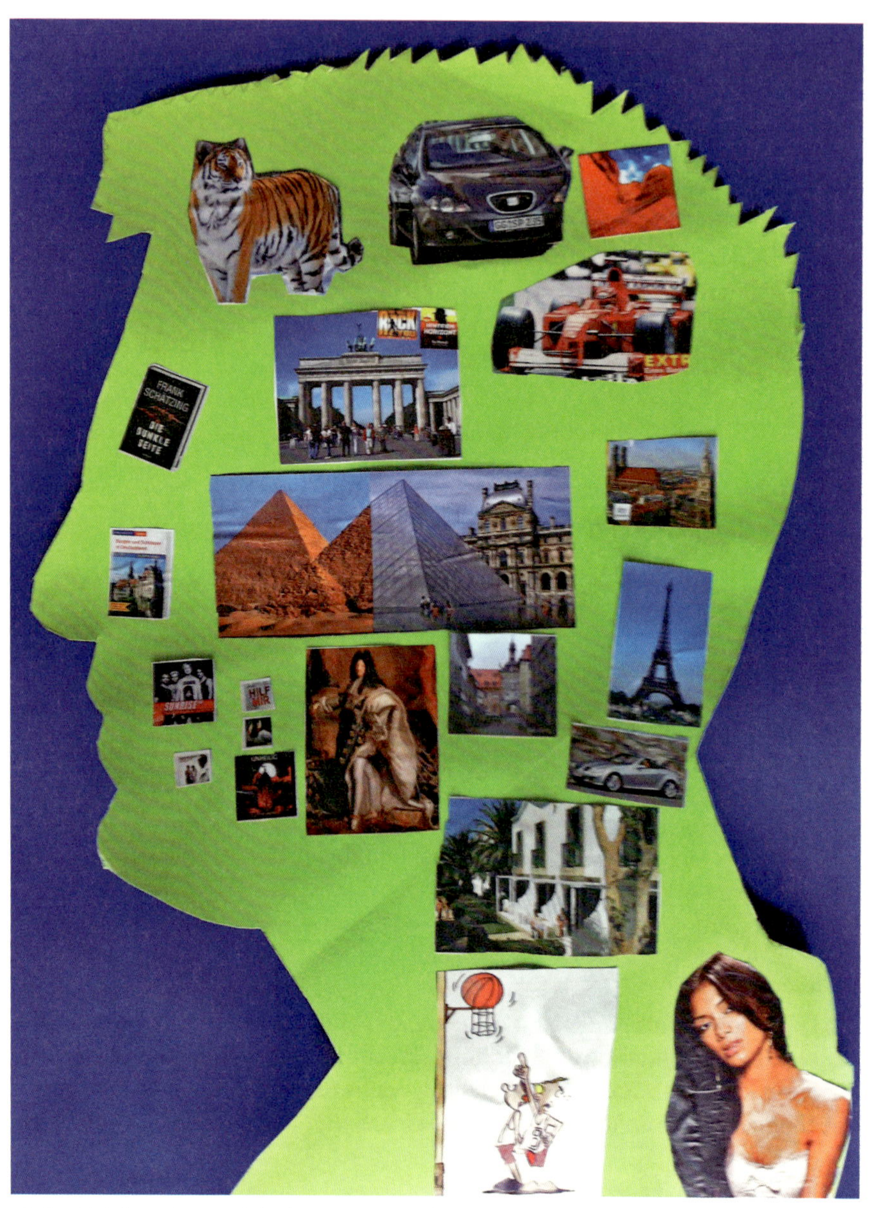

„Meine Welt besteht aus vielen interessanten Dingen: Am wichtigsten aber ist mir der Tiger, weil ich eine Kämpfernatur bin und mich gerne einmal durchbeiße. Ich möchte einmal ein schönes Auto fahren und viel reisen. Dafür stehen das Brandenburger Tor, der Eiffelturm und die Autos. Weil ich gerne lese, habe ich die Bücher ausgeschnitten. Geschichte interessiert mich sehr und die Pyramiden und der Sonnenkönig passen gut dazu.
Die Frau hat mich angesprochen, sie ist sexy. Basketball ist mein Hobby und mir sehr wichtig. Deshalb durfte ein Bild hierzu nicht fehlen. Insgesamt ist meine Welt sehr schön!“

(Paul, 17 Jahre, Berufsfachschule zum Mittleren Abschluss)

Auswertung

Wie bist du vorgegangen?
Beschreibe, was du dargestellt hast!
Hast du etwas über dich erfahren?

Hinweise

Bei jüngeren Kindern beschränkt man sich auf die Herstellung des Schattenbildes. Ältere sind durchaus in der Lage, eine Collage zu erstellen. Dabei sollte man die Collagen in einer Gruppenarbeit anfertigen, sodass sich die Teilnehmer schon während der Arbeit austauschen können und Arbeitsprozesse selbst regeln.
Eine Collage beschäftigt die Kinder länger als eine Stunde. Man kann dies als Unterrichtsprojekt durchführen und mit einer entsprechenden Auswertung verbinden. Jedes Kind berichtet kurz über seine Collage.

Die Baum-Fantasie

Alter	Anzahl der Spieler	Dauer	Materialien
ab 10 Jahren	beliebig	45 Minuten	DIN A4 Blätter, Wachsmalkreiden

Fördert

Fantasie, Kommunikation, Kennenlernen, Kreativität, Selbstakzeptanz, Selbstbewusstsein, Selbstreflexion

Beschreibung

Jeder Teilnehmer erhält ein Blatt und Wachsmalkreiden.
Die Teilnehmer setzen sich entspannt hin. Sie schließen die Augen und versuchen sich einen Baum vorzustellen.
Der Anleiter gibt ihnen einen kurzen Text vor, um ihnen die Vorstellung zu erleichtern:
„Schließe bitte die Augen und stelle dir vor, du wärst ein Baum. Was für ein Baum bist du? Bist du klein, bist du groß? Bist du dick, bist du dünn?
Was für Blätter trägst du? Wie sehen die Blätter aus? Welche Farben haben sie? Gibt es auch Blüten?

Wie ist dein Stamm? Wie sehen deine Äste aus?
Hast du Wurzeln? Vielleicht keine? Sind sie lang, gerade oder gekrümmt? Reichen sie tief hinab?
Wo befindest du dich? Im Wald? Auf einer Wiese? In einem Garten? In der Stadt? Auf dem Land?
Was ist um dich herum? Gibt es andere Pflanzen oder bist du allein? Wohnt jemand im Baum?
Wie ist das Wetter?
Wie fühlst du dich als Baum?"

Varianten

Der Rosenbusch (S. 191).

Auswertung

Wie war das Experiment für dich?
Wie hast du dich auf das Experiment einlassen können?
Fiel es dir leicht oder schwer, dich in die Situation hineinzuversetzen?
Was hat dich bei den anderen überrascht, bzw. ist dir aufgefallen?

Hinweise

Die allgemeinen Durchführungshinweise sollten auf jeden Fall beachtet werden. Dazu zählt, dass der Anleiter in der Fantasie immer Auswahlangebote macht. Eine Aussage wie z. B. *„Du bist ein großer Baum."* lässt keinen Spielraum für Kreativität, deshalb müssen die Fragen immer so aufgebaut sein, dass sie Auswahl zulassen, z. B.: *„Bist du ein großer oder ein kleiner Baum? Hast du Blätter oder keine? Hast du viele oder wenige Blätter?"*
Die Bilder können ausgestellt werden.
Bei Teilnehmern, die etwas Probleme mit dem Zeichnen haben, empfiehlt es sich, mit Acrylfarben zu arbeiten. Es entstehen hierdurch auf jeden Fall sehr interessante Bilder.

  geeignet
  geeignet

Der Rosenbusch

Alter	Anzahl der Spieler	Dauer	Materialien
ab 6 Jahren	beliebig	45 Minuten	Papier, Wachsmalkreiden

Fördert

Fantasie, Kennenlernen, Kommunikation, Kreativität, Selbstakzeptanz, Selbstbewusstsein, Selbstreflexion

Beschreibung

Die Teilnehmer arbeiten mit der Metapher des Rosenbusches und setzen sich auf der Gefühlsebene mit der eigenen Persönlichkeit auseinander.
Jeder Teilnehmer erhält ein Blatt und Wachsmalkreiden. Alle setzen sich entspannt hin. Sie schließen die Augen und versuchen sich das vorzustellen, was ihnen vorgelesen wird:
„Schließe bitte die Augen und stelle dir vor, du wärst ein Rosenbusch. Was für ein Rosenbusch bist du? Bist du klein, bist du groß? Bist du dick, bist du dünn? Trägst du Blüten? Wie sehen die Blüten aus? Welche Farbe haben deine Blüten? Trägst du viele oder nur wenige oder gar keine Blüten? Stehst du in voller Blüte oder hast du nur Knospen? Hast du Blätter? Wie sehen sie aus?
Wie ist dein Stamm? Wie sehen deine Äste aus? Hast du Wurzeln? Vielleicht keine? Sind sie lang, gerade oder gekrümmt? Reichen sie tief hinab?
Hast du Dornen?
Wo befindest du dich? In einem Garten? In der Wüste? In der Stadt? Auf dem Land? Mitten im Meer? Wächst du in einem Topf? Im Boden oder durch Zement? Oder vielleicht irgendwo in einem Haus?
Was ist um dich herum? Gibt es andere Blumen oder bist du allein? Gibt es auch Bäume, Menschen, Tiere, Vögel?
Siehst du wie ein Rosenbusch oder wie etwas anderes aus?
Kümmert sich jemand um dich?
Wie ist das Wetter?
Wie fühlst du dich als Rosenbusch?
Mach' dir keine Sorgen wegen deines Bildes. Im Anschluss kannst du es mir erklären."

Varianten

Die Baum-Fantasie (S. 189).

Auswertung

Jeder Teilnehmer beschreibt nach dem Zeichnen sein Bild in der Ich-Form (*„Ich als Rosenbusch habe viele Blätter. Ich stehe …“).*

Der Anleiter protokolliert alle Aussagen wörtlich mit und fragt unter Umständen nach.

Wenn alle Mitspieler berichtet haben, wird als Feedback die Äußerung eines jeden zurückgegeben (*„Thomas, du hast gesagt: Ich als Rosenbusch habe viele Blätter. Ich stehe …“).* Man bedankt sich bei jedem Mitspieler mit Empathie und hält dabei Blickkontakt.

Weitere Auswertungsfragen können sein:
Was ist an deinem Rosenbusch besonders?
Was ist dir sofort eingefallen, als du dich als einen Rosenbusch vorgestellt hast?
Gibt es andere Rosenbüsche, die dir besonders gut gefallen?
Hast du in diesem Experiment etwas über dich selbst erfahren?

„Ich als Rosenbusch stehe alleine in einem Garten. Alle anderen Rosenbüsche um mich herum sind verdorrt. Jemand hat ein Schild aufgestellt: „Rosen kein Wasser geben.“ Ich bin der Letzte. Eine einzelne Rose hat überlebt, da ich tiefe Wurzeln habe. Alle anderen sind schon vertrocknet, nur die Dornen sind noch übrig.“ (Titus, 10 Jahre)

Hinweise

Der Rosenbusch ist eines der schönsten Malexperimente. Er kann sehr deutliche Hinweise geben. Wobei diese nicht überinterpretiert werden sollten. So ist es z. B. in Gruppen von überaktiven Kindern und Jugendlichen so, dass sie oft sehr dramatische und aggressive Rosenbüsche zeichnen. Dies ist oft Teil ihrer Persönlichkeit. Es ist nicht ungewöhnlich, dass sie solche Bilder zeichnen.
Der Rosenbusch ermöglicht einen besonders emotionalen Zugang zu den Zeichnern. Oft zeichnen gerade diejenigen Kinder und Jugendlichen die beeindruckendsten Rosenbüsche, die als schwierig gelten. Hierbei kann ein Bild dazu beitragen, das Kind / den Jugendlichen besser zu akzeptieren.

„Ich als Rosenbusch stehe neben einem Baum. Das ist mein Papa. Über mir ist ein Gewitter und der Blitz schlägt in mich ein. Er schlägt auch in die Rose ein, die vom Baum hängt. Das soll meine Oma sein. Sie ist immer gemein zu mir. Der Rest der Familie steht als Rosen um mich herum. Wir sind alle über unsere Wurzeln verbunden. Hoffentlich ist das Gewitter bald vorüber." (Jannik, 8 Jahre, Adoptivkind mit schweren traumatischen Erlebnissen in den ersten beiden Lebensjahren.)

Schulkinder  **geeignet**

Jugendliche  **geeignet**

Meine Wut

Alter	Anzahl der Spieler	Dauer	Materialien
ab 8 Jahren	beliebig	30 Minuten	Papier, Wachsmalkreiden (evtl. Acrylfarben)

Fördert

Emotionalität, Fantasie, Kommunikation, Kreativität, Selbstakzeptanz, Selbstbewusstsein, Selbstreflexion

Beschreibung

Gemeinsam wird kurz besprochen, woran man erkennt, dass ein Mensch wütend ist (z. B. er läuft im Gesicht rot an, er ballt die Hände zur Faust, sein Herz schlägt schneller, usw.).
Jeder überlegt nun, wie die eigene Wut aussieht.
Vielleicht stellt man sich eine Situation vor, in der man sehr wütend war, um zu ermitteln, welche Farbe, Form usw. am besten zur eigenen Wut passt.
Nach dem Zeichnen stellt jeder Teilnehmer sein Bild vor und erläutert es. Er vervollständigt dabei den Satz: *„Meine Wut ist wie …!"*

Varianten

Experiment: *Ich bin wütend auf …* (S. 196).

Auswertung

Wie hast du deine Wut gezeichnet?
Welche Farbe passt besonders gut zu deiner Wut?
Wie merken andere, dass du wütend bist?
Gibt es Situationen, in denen du besonders wütend bist?

Hinweise

Besonders bei diesem Experiment lohnt es sich, Acrylfarbe zu benutzen. Die Wut wird oft abstrakt dargestellt. Abstrakte Bilder leben von ihrer Farblichkeit.
Dieses Experiment eignet sich gut, um das Thema Wut und Aggression einzuleiten. Kinder und Jugendliche nehmen es gerne an, da für sie Wut ein starkes Thema ist.

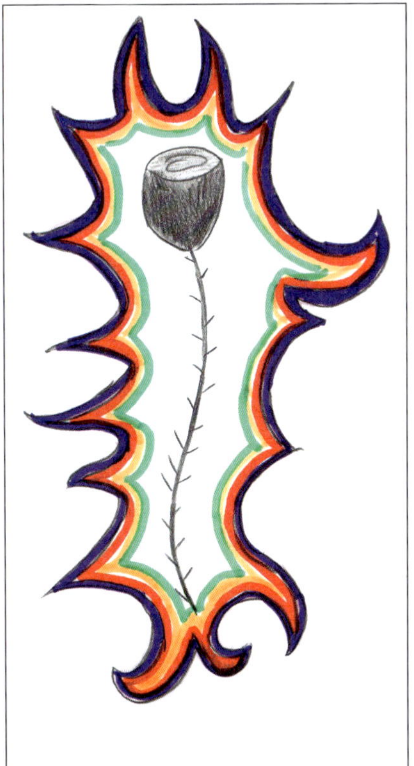

„Meine Wut ist wie ein Vulkan, der ausbricht und den keiner kontrollieren kann."

(Paul, 8 Jahre)

„Meine Wut ist schwarz und düster. Sie kann stechen, wenn nötig. Doch eigentlich ist sie eingesperrt in vielen bunten Farbe. Nur selten versucht sie aus dieser Mauer aus Fröhlichkeit auszubrechen. Wenn sie es tut, sticht sie."

(Marlene, 14 Jahre)

Schulkinder  **geeignet**

Jugendliche  **geeignet**

Ich bin wütend auf ...

Alter	Anzahl der Spieler	Dauer	Materialien
ab 8 Jahren	beliebig	30 Minuten	Papier, Wachsmalkreiden

Fördert

Fantasie, Kommunikation, Kreativität, Selbstakzeptanz, Selbstbewusstsein, Selbstreflexion

Beschreibung

Die Kinder / Jugendlichen sollen sich jemanden vorstellen, auf den sie einmal sehr wütend waren. Diese Person zeichnen sie. Dann nehmen sie aus einer Auswahl von verschiedenen Wachsmalstiften diejenige Farbe, die ihnen am wenigsten gefällt und streichen das Porträt der Person durch.

Varianten

Experiment: *Meine Wut* (S. 194).

Auswertung

Wie war das Experiment für dich?
Konntest du „Dampf ablassen"?
Welche Farben hast du gewählt?

Hinweise

Das Experiment lebt von seinem schrittweisen Aufbau. Zunächst lässt man die Kinder / Jugendlichen zeichnen, ohne zu sagen, dass sie die Person nachher durchstreichen können. Dies erhöht den Überraschungseffekt. Oft werden die Porträts dann sehr wild und emotional durchgestrichen – ein Zeichen für die aufgestaute Wut.
Die meisten Kinder / Jugendlichen empfinden danach Erleichterung und wollen berichten, wen sie gezeichnet haben. Da es sich meist um Lehrkräfte handelt, kann dies zu Problemen führen. Beim Einsatz in der Schule sollte man das unterbinden.

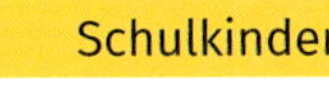
Schulkinder **geeignet**

Jugendliche **bedingt geeignet**

Mein Poster

Alter	Anzahl der Spieler	Dauer	Materialien
ab 8 Jahren	beliebig	30–45 Minuten	DIN A3 Kopien von Poster (S. 198), Wachsmalkreiden

Fördert

Fantasie, Kennenlernen, Kommunikation, Kreativität, Selbstakzeptanz, Selbstbewusstsein, Selbstreflexion

Beschreibung

Dieses Malexperiment zählt zu den Akzeptanzübungen. Die Kinder erfahren, dass sie unterschiedliche Fähigkeiten und Fertigkeiten besitzen. Jedes Kind zeichnet sich durch eine eigene Persönlichkeit aus, mit Vorlieben, Eigenarten, Stärken, aber auch Schwächen.

1. Schritt:
Vor jedem Kind liegt eine Arbeitsvorlage. Dieses Poster hat vier Felder. Jedes Feld trägt eine Überschrift und soll von den Kindern ausgemalt werden. Es gibt folgende Bereiche:
„Das mache ich gerne!“
„Das mache ich nicht gerne!“
„Das ist an mir besonders!“
„Das kann ich gut!“

2. Schritt:
Die Zeichnungen werden von allen angesehen. Jedes Kind berichtet, was es in jedes der vier Felder gemalt hat.

3. Schritt:
Haben alle Kinder ihr Poster beschrieben, gibt es eine Feedbackrunde (siehe Auswertung).

Varianten

Jüngere Kinder sind mit diesem Experiment häufig noch überfordert. Möchte man dennoch unter dieser Zielsetzung mit Kindern arbeiten, ist eine spielerische Einkleidung erforderlich. Zum Beispiel ermöglicht der spielerische Umgang mit dem Thema „Was ich mag“, Vorlieben von Kindern herauszuarbeiten und auf ihre Unterschiedlichkeit hinzuweisen. Dazu sitzen alle Kinder in einem Kreis. Sie werfen sich unter folgenden Fragestellungen einen Softball zu:

Poster von............

Das mache ich gerne!	Das mache ich nicht gerne!
Das ist an mir besonders!	Das kann ich gut!

„Was ich mag!“
„Was ich gern esse!“
„Was ich gern im Fernsehen sehe!“
„Was ich mir wünsche!“
„Wovon ich träume!“

Das Kind, das den Ball fängt, gibt eine Antwort und wirft den Ball mit einer anderen Frage weiter.

Auswertung

Wie war die Übung für dich?
Für welches Feld oder welche Felder ist dir sofort eine Zeichnung eingefallen?
Für welches Feld oder welche Felder fiel es dir schwer?

Hinweise

Dieses Experiment ist außerordentlich wichtig. Viele Kinder haben ein geringes Selbstvertrauen, meinen, dass sie vieles nicht gut können und nichts besonders an ihnen ist. Aus diesem Grund haben sie oft Schwierigkeiten mit dem Feld „Das ist an mir besonders!“. Ihnen soll klar werden, dass auch Kleinigkeiten etwas Besonderes sein können. Aber sie sollen auch erfahren, Schwächen als Anteil der Persönlichkeit zu akzeptieren.
Zu einem Feld können auch mehrere Zeichnungen angefertigt werden.
Die Beschäftigung mit der eigenen Persönlichkeit kann thematisch variiert werden, zum Beispiel mit der Aufgabenstellung *„Entwirf deine eigene Geburtstagsanzeige!“* oder *„Entwirf dein eigenes Wappen!“* Bei dieser Aufgabe wird das Wappen ebenfalls in vier Felder eingeteilt.

Schulkinder  **geeignet**

Jugendliche  **geeignet**

Der Zauberkasten

Alter	Anzahl der Spieler	Dauer	Materialien
ab 6 Jahren	beliebig	10 Minuten	1 Karton, 1 Spiegel

Fördert

Selbstakzeptanz, Selbstbewusstsein, Selbstreflexion, Selbstwahrnehmung

Beschreibung

Benötigt wird ein Karton, auf dessen Boden ein Spiegel gelegt oder befestigt wird. Der Karton ist oben zugeklappt. Jeder, der ihn aufklappt, sieht sein Gesicht.
Die Teilnehmer erhalten folgende Anweisung:
„Heute habe ich euch einen Zauberkasten mitgebracht, in den jeder von euch hineinsehen darf. In dem Kasten wird er eine wichtige Persönlichkeit erblicken, die außerordentlich bedeutsam ist. Jeder darf hineinsehen, aber nicht verraten, wen er gesehen hat."
Die Teilnehmer gehen nacheinander und einzeln zu dem Karton und blicken hinein. Dabei dürfen sie nicht sprechen.

Varianten

–

Auswertung

Wie war die Übung für dich?
Was hast du über dich gelernt?
Was macht dich einmalig?
Wie kann es sein, dass jeder von uns ein besonderer Mensch ist?

Hinweise

Die Übung lebt von ihrem Überraschungseffekt und ist sowohl bei Kindern als auch bei Jugendlichen gut einsetzbar. Sie setzt jedoch voraus, dass der Anleiter die Mitspieler schon eine Zeitlang kennt. Ein gewisses Vertrauen muss gegeben sein.
Bei vielen löst die Übung zunächst ein verlegenes Lachen aus. Sie sind aber dann doch sehr froh, dass sie eine ganz wichtige Persönlichkeit sind, freuen sich und genießen es.

Schulkinder  **geeignet**

Jugendliche **geeignet**

Der Zauberladen

Alter	Anzahl der Spieler	Dauer	Materialien
ab 8 Jahren	beliebig	20–45 Minuten	Tisch

Fördert

Kommunikation, Selbstakzeptanz, Selbstbewusstsein, Selbstreflexion, Selbstwahrnehmung

Beschreibung

Vor der Klasse oder Gruppe wird ein Tisch aufgebaut, der die Theke eines Ladens darstellen soll.
Es wird erklärt, dass es sich hier um einen *Zauberladen* handelt. In diesem Laden kann man all das kaufen, was es sonst in keinem Laden gibt. Man muss aber mit etwas bezahlen, was man besonders gut kann. Man kann in dem Laden also nicht mit Geld bezahlen und man kann auch nicht Dinge kaufen, die es sonst zu kaufen gibt. Günstig ist es, wenn der Spielleiter die erste Runde vormacht. Er spielt dann den Ladenbesitzer und ein Kind kommt in den Laden, um etwas zu kaufen. Es will beispielsweise die Fähigkeit erstehen, besser im Kopf zu rechnen. Man gestaltet daraus ein kleines Rollenspiel. Man begrüßt zunächst den Kunden, dann fragt man, was er gern kaufen möchte. Das Kind sagt jetzt also: *„Ich möchte gern besser Kopfrechnen können"*. Der Verkäufer sucht jetzt in den Regalen, ob es diese Ware bei ihm gibt. Dann schließlich stellt er fest: *„Jawohl, man kann Kopfrechnen für das 4. Schuljahr kaufen."* Vielleicht gibt es auch noch ein Sonderangebot, z. B. *„Kopfrechnen bis zur Zahl 100"*. Auch hier sind der Fantasie im Rollenspiel keine Grenzen gesetzt. Nun versucht das Kind, diese Fähigkeit zu kaufen, darf aber nicht mit Geld bezahlen. Es muss mit etwas bezahlen, was es gut kann. Es schlägt z. B. vor: *„Ich kann gut turnen"* oder *„Ich komme immer pünktlich zur Schule"* oder *„Ich bin im Lesen gut"*. Der Verkäufer entscheidet, ob er den Handel akzeptieren kann.
Wenn man das Rollenspiel mit Kindern mehrmals durchgespielt hat, können selbstverständlich auch andere Kinder den Besitzer des Zauberladens darstellen.

Varianten

Das Land ‚*Fantasia*':
„Stell dir vor, du besuchst das Land ‚Fantasia'.
Hier ist alles möglich, was du dir vorstellen kannst... Du findest in ‚Fantasia' ein besonderes Geschäft: Hier kannst du höchstens drei Dinge kaufen, die du dir

wünscht. Es sind Dinge, die man sonst nirgends kaufen kann. Man kann sie auch nicht mit Geld kaufen.
Der Händler bietet dir einen Tausch an: Du erhältst drei Dinge, die du gut gebrauchen kannst, die dich verändern, die du dir wünschst. Dafür überlässt du ihm drei Dinge von dir.
Der Händler nimmt alles: Es können Dinge sein, für die du keine Verwendung hast, die dich an dir vielleicht sogar ärgern oder stören. Du kannst aber auch Dinge von dir eintauschen, die du magst, Dinge, von denen du meinst, dass sie für jemand anderes ein Zugewinn wären. Dann hinterlässt du eine Kopie, dein Original behältst du natürlich. Es müssen aber Dinge sein, die man ebenfalls nicht mit Geld kaufen kann.
Wähle die Dinge mit Ruhe aus."

Auswertung

Wie hat dir das Spiel gefallen?
Hast du etwas über dich erfahren?
Was hast du ausgewählt?

Hinweise

Das Rollenspiel ist der Fantasiegeschichte vorzuziehen. Manchmal aber ist man aus Zeitgründen gezwungen, Kompromisse zu machen.
Das Spiel erfreut sich großer Beliebtheit bei Kindern. Der Spielleiter sollte natürlich auch einmal einkaufen gehen.

Schulkinder  **geeignet**

Jugendliche  **nicht geeignet**

Die Gefühle der Schildkröte

Alter	Anzahl der Spieler	Dauer	Materialien
ab 8 Jahren	beliebig	30 Minuten	Vorlage (Seite 205), 2 Würfel

Fördert

Beobachtungsfähigkeit, Kommunikation, Kreativität, Sensibilisierung auf eigene Gefühle und auf die anderer, Zuhören

Beschreibung

Schritt 1:
Die Kinder benennen Gefühle, die ihnen bekannt sind. Bei einigen Kindern sind dies nur sehr wenige.

Schritt 2:
Der Anleiter stellt die Vorlage *Die Gefühle der Schildkröte* vor: Jedes Kind würfelt mit zwei Würfeln. Die erwürfelte Zahl gibt an, zu welchem der Gefühle es ein Beispiel erzählen darf *(„Als ich einmal ... war.“)*.
Kommt ein Gefühl zweimal vor, würfelt das Kind erneut, damit alle Gefühle berücksichtigt werden können.

Schritt 3:
Das Kind gibt die Würfel seinem Nachbarn.

Varianten

Experiment: Gefühlskarten (S. 206–208)

Auswertung

Wie war das Experiment für dich?
Zu welchem Gefühl fiel dir sofort eine Geschichte ein?
Gibt es ein Gefühl, das dich besonders nachdenklich gemacht hat?

Hinweise

Bei diesem Experiment sollen unterschiedliche Gefühle erkannt und voneinander differenziert werden. Gerade die eher aggressiven Kinder haben oft Schwierigkeiten, unterschiedliche Gefühle voneinander zu unterscheiden. Ihr Gefühlsrepertoire ist in der Regel sehr gering. So können sie oft nicht erkennen, wenn sich ein Kind ihnen nähert, ob es in „friedlicher“ oder „feindlicher“ Absicht kommt. Voraussetzung für eine zutreffende Wahrnehmung in der Interaktion ist es, dass eigene Gefühle erlebt und die Gefühle anderer erkannt werden können.

Altersstufe 8–12 Jahre:
In dieser Altersstufe können Kinder die genannten Gefühle nicht immer exakt erklären. Von daher sollte man auch keine Definition von ihnen erwarten. Durch die Benutzung der Vorlage *Die Gefühle der Schildkröte* werden die Gefühle für die Kinder konkreter, weil sie über Situationen berichten. Wenn ein Kind eine Situation anschaulich darstellen kann, ist es nicht erforderlich, das entsprechende Gefühl zu definieren. Günstig ist es aber, die Kinder zusätzlich zu befragen, ob es sich bei dem erwürfelten Gefühl um ein positives oder ein negatives Gefühl handelt.

Altersstufe unter 8 Jahre:
Kinder dieser Alterstufe haben mit abstrakten Begriffen noch ganz große Schwierigkeiten. Sie können in der Regel mit diesem Experiment wenig anfangen, außer dass sie vielleicht die Schildkröte bunt anmalen möchten.

Gefühle der Schildkröte

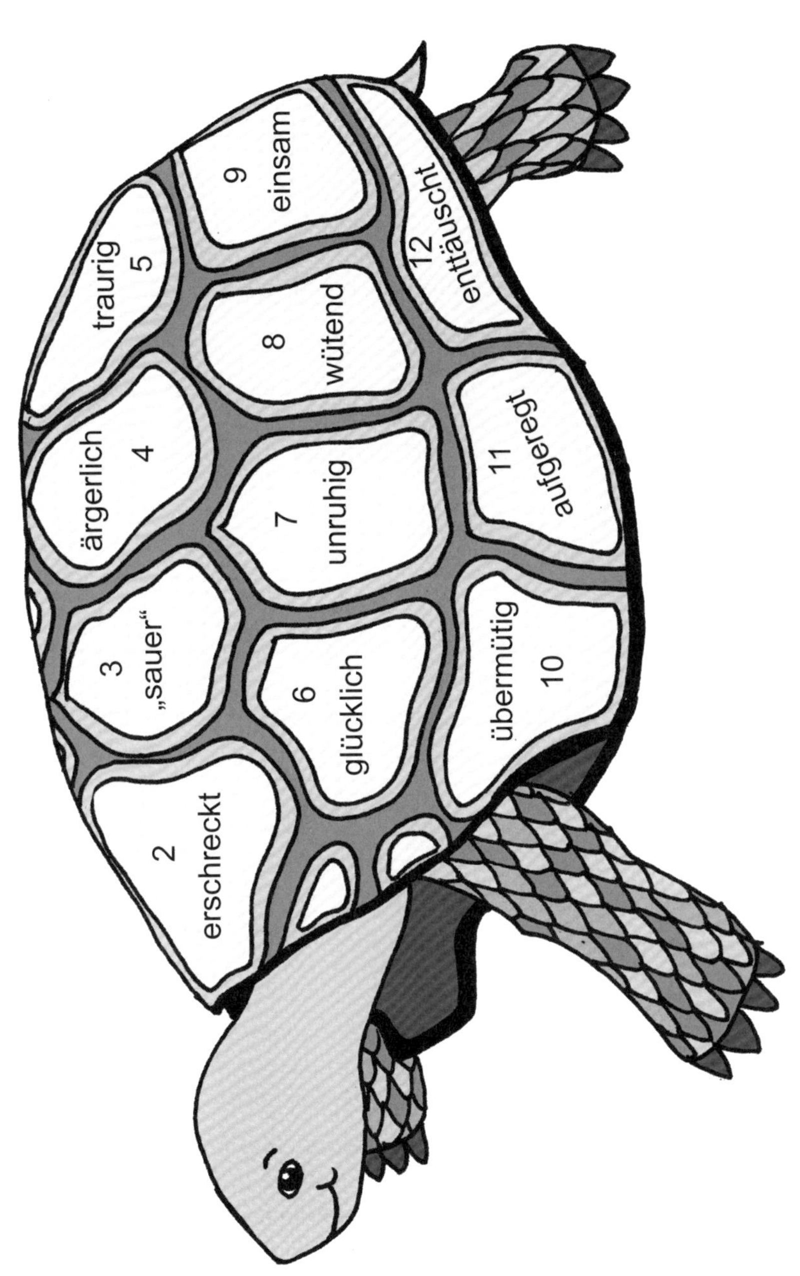

Schulkinder  **geeignet**

Jugendliche  **geeignet**

Gefühlskarten

Alter	Anzahl der Spieler	Dauer	Materialien
Gefühlskarten	beliebig	30 Minuten	Vorlagen (Seite 207, 208) ausschneiden

Fördert

Beobachtungsfähigkeit, Kommunikation, Kreativität, Zuhören

Beschreibung

Im ersten Durchgang werden unterschiedliche Gefühle aus einem Stapel gezogen (Vorlagen: S. 207 & 208) oder gesammelt.
Jeder Mitspieler zieht eine Karte und vervollständigt den Satz:
„Ich bin enttäuscht, wenn …"
„Ich bin wütend, wenn …"
„Ich habe Angst, wenn …"

Varianten

- Es können sich auch Kleingruppen von drei Personen zusammenfinden. Sie ziehen eine Karten und entwerfen dann ein kurzes Rollenspiel.
- Man kann die Gefühlsaussagen auch mit Situationen verbinden, die man schon einmal erlebt hat – z. B.: *„Das letzte Mal, als ich wirklich entsetzt war, passierte Folgendes: …"*

Auswertung

Wie war das Experiment für dich?
Bei welchen Gefühlen fiel es dir leicht, einen Satz zu ergänzen?
Bei welchen schwer?
Welche Aussagen von anderen haben dich erstaunt?

Hinweise

Überaktive Kinder und Jugendliche haben ein eingeschränktes Gefühlsrepertoire. Das heißt, sie kennen nur wenige Gefühle und können diese schlecht unterscheiden. Im Training der Sozialen Kompetenz gehört es dazu, dieses zu erweitern. Kinder und Jugendliche müssen z. B. den Unterschied zwischen Enttäuschung und Wut kennen. Das ermöglicht es ihnen, in schwierigen Situationen angemessener zu reagieren.

Gefühlskarten

Freude

Enttäuschung

Glück

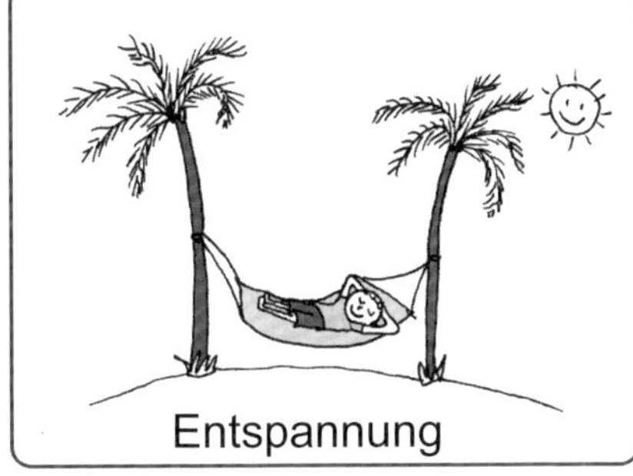

Entspannung

Hass

Aufregung

Liebe

Angst

Gefühlskarten

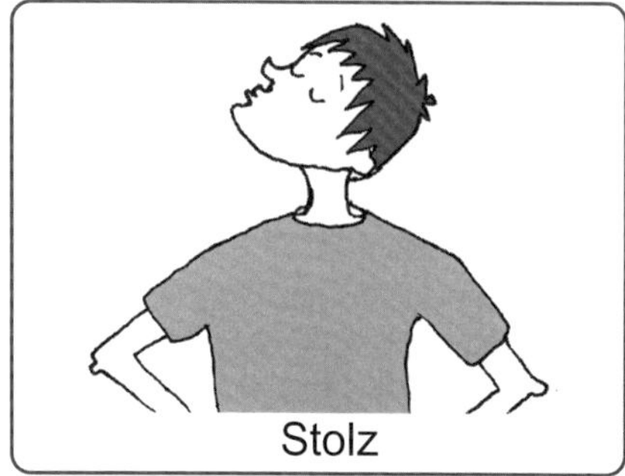

Stolz

Ungeduld

Trauer

Sympathie

Neid

Mitleid

Wut

Schulkinder  **geeignet**

Jugendliche **nicht geeignet**

Wo bin ich verletzt?

Alter	Anzahl der Spieler	Dauer	Materialien
ab 6 Jahren	beliebig	ca. 30 Minuten	Papierherzen, Klebeband, Verbandszeug

Fördert:

Beobachtungsfähigkeit, Kommunikation, Perspektivübernahme, rationales Denken, Wahrnehmung anderer

Beschreibung

Jedes Kind erhält einen Verband und ein Papierherz. Den Verband wickelt man sich um die Hand. Die Papierherzen kann man sich auf Pullover, Hemd oder Bluse aufkleben. Es gibt zwei Arten von Verletzungen: körperliche Verletzungen (hierfür steht der Verband) und seelische Verletzungen, bei denen Gefühle verletzt wurden (repräsentiert durch das Papierherz, da auch Kinder schon wissen, dass Gefühle mit dem Herzen assoziiert werden).
Es werden nun Situationen vorgelesen und die Kinder zeigen entweder auf den Verband oder auf das Herz – je nachdem, welche Art von Verletzung ihrer Meinung nach in der Situation angesprochen wird. Dabei werden die Situationen laut vorgelesen und alle Kinder zeigen gleichzeitig.

Situationen

„Stell' dir vor, du fährst Rollerskates, stolperst und verletzt dich am Knie" (körperlich – die Kinder zeigen auf den Verband). *„Du hast ein Meerschweinchen. Es ist dein Lieblingstier. Eines Morgens kommst du an seinen Käfig und es ist gestorben"* (seelisch – traurig – die Kinder zeigen auf das Papierherz). *„Deine Großmutter liegt im Krankenhaus"* (seelisch, körperlich für die Oma).
„Im Turnunterricht fällst du hin und verstauchst dir deinen Fuß" (körperlich).
„Dein Bruder fährt Fahrrad, stürzt und verletzt sich schwer" (körperlich für ihn, seelisch für dich).

Varianten

–

Auswertung

Kannst du sagen, worin für dich der Unterschied zwischen körperlicher und seelischer Verletzung besteht?
Hattest du Schwierigkeiten, beide Arten von Verletzungen zu unterscheiden?

Wenn du das nächste Mal körperlich oder seelisch verletzt wirst – was kannst du dann tun, damit du dich selbst besser fühlst?

Hinweise

Jüngere Kinder spielen das Experiment sehr gern. Sie lernen auf eine einfache Art sehr schnell, zwischen körperlichen und seelischen Verletzungen zu unterscheiden. Besonders wichtig ist es, dass sie auch im Auswertungsgespräch die Vorstellung entwickeln können, dass jeder Mensch etwas gegen seine Verletzungen tun kann. Bei körperlichen Verletzungen werden die Kinder schnell berichten, dass sie z. B. eine Salbe, ein Pflaster oder eine Tablette zur Linderung der Schmerzen bekommen haben. Sie erzählen aber auch oft, dass ihre Eltern sie getröstet haben. Es ist für sie eine Hilfe, wenn sie mit jemandem über ihre seelischen Verletzungen und die damit verbundenen Gefühle sprechen können.

Kluge Gedanken

Alter	Anzahl der Spieler	Dauer	Materialien
ab 8 Jahren	beliebig	ca. 30 Minuten	Vorlage (S. 211), Zeichenblatt, Wachsmalkreiden

Fördert

Kommunikation, Konfliktlösung, rationales Denken, Regellernen

Beschreibung

Jeder Mitspieler erhält ein Arbeitsblatt. Es enthält *kluge Gedanken*, die man anwenden kann, wenn man in schwierige Situationen kommt. Die Mitspieler sehen sich das Blatt an und überlegen, in welchen Situationen diese Gedanken hilfreich sein könnten. Danach suchen sie sich einen Gedanken aus, der ihnen besonders zusagt. Jeder malt dazu ein Bild. Es soll eine Situation zeigen, in der dieser kluge Gedanke zur Anwendung kommt. In das Bild wird eine Sprechblase integriert, in die man den klugen Gedanken hineinschreiben kann. Anschließend stellt jeder sein Bild vor.

Kluge Gedanken

- Es ist nicht schlimm, wenn ich einen Fehler mache.
- Über Schimpfwörter zucke ich nur die Achseln.
- Das ist nicht das Schlimmste, was mir passieren kann.
- Ich bin nicht immer...
- Ich kann damit fertig werden.
- Ich bin enttäuscht.
- Ich wünsche mir, dass es anders wäre.
- Ich weiß, dass ich kein(e) ... bin.
- Das Leben ist nicht immer gerecht.
- Ich lasse mich nicht provozieren.
- Vieles gelingt mir, wenn ich mich darum bemühe.

Varianten

Die klugen Gedanken können selbstverständlich auch durch die Klassenregeln ergänzt werden.

Auswertung

Wie war das Experiment für dich?
Welchen klugen Gedanken hast du gewählt?
Welche Situation ist dir eingefallen?
Denkst du, dass dir der kluge Gedanke in dieser Situation geholfen hätte?
Welche Situationen haben dich überrascht und beeindruckt?

Hinweise

Bei diesem Experiment ist es wichtig, nicht zu ausführlich über die Gedanken zu sprechen oder moralisierend wichtige Punkte zu interpretieren. Die Auswahl des klugen Gedankens und die Umsetzung in ein Bild werden von Mitspielern eher als Handlungsmodell akzeptiert als eine gut gemeinte Belehrung.

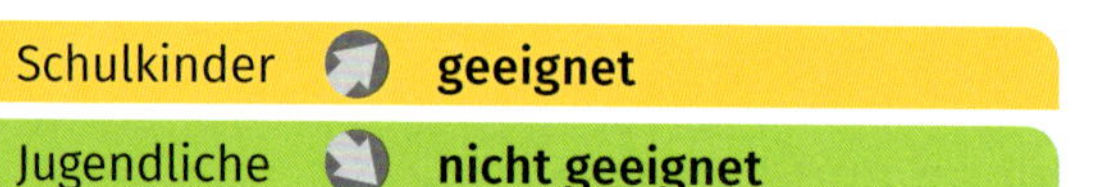

Kluge und dumme Gedanken

Alter	Anzahl der Spieler	Dauer	Materialien
ab 8 Jahren	beliebig	ca. 30 Minuten	Wolken, beschrieben mit klugen und dummen Gedanken (S. 214), Klebeband, Schnur

Fördert

Kommunikation, Konfliktlösung, Kritikfähigkeit, rationales Denken, Regellernen, Selbstbewusstsein, Selbstreflexion, Zuhören

Beschreibung

Kluge und dumme Gedanken werden auf ausgeschnittene Pappwolken geschrieben. Diese können im Raum angebracht werden, z. B. von der Decke gehängt werden. Auf einer Seite der Wolken befindet sich ein dummer Gedanke (z. B. *„Wenn jemand zu mir Arschloch sagt, hau ich ihm auf's Maul!"*). Auf der

Rückseite befindet sich der kluge Gedanke (*„Wenn man zu mir Arschloch sagt, dann zucke ich mit der Schulter!"*). Die Aufgabe der Mitspieler ist es nun, zu einem dummen Gedanken den jeweils klugen zu finden. Dazu bekommen die Mitspieler vom Anleiter einen dummen Gedanken genannt. Daraufhin läuft der Spieler durch den Raum, sucht die entsprechende Wolke und merkt sich den klugen Gedanken. Diesen nennt er dem Anleiter. Daraufhin bekommt er einen neuen Gedanken und läuft erneut los. Wer in einer bestimmten Zeitspanne die meisten klugen Gedanken gefunden hat, gewinnt.

Varianten

Kluge und dumme Gedanken lässt sich gut als Staffel spielen. Zwei Gruppen stellen sich hintereinander auf. Das erste Kind bekommt einen dummen Gedanken genannt, läuft los und merkt sich den klugen Gedanken. Diesen sagt es dem Anleiter. In der Zwischenzeit hat der Anleiter den anderen Kindern nacheinander ebenfalls dumme Gedanken genannt. Die Anzahl an korrekten klugen Gedanken wird notiert. Diejenige Gruppe, die innerhalb einer bestimmten Zeitspanne die meisten Gedanken gefunden hat, gewinnt.

Auswertung

Wie war die Übung für dich?
Welchen Gedanken konntest du dir am besten merken?
Welcher Gedanke hat dir schon geholfen?
Welcher Gedanke gefällt dir am besten?

Hinweise

Vor dem eigentlichen Durchführen des Spiels sollte eine Einführung zu klugen und dummen Gedanken gegeben werden. Dies kann beispielsweise so geschehen: An einer Tafel befestigt der Anleiter eine Wolke mit der Aufschrift *„Kluger Gedanke"* und eine zweite Wolke mit der Aufschrift *„Dummer Gedanke"*. Dann liest er mehrere Gedanken vor. Sowohl kluge als auch dumme Gedanken. Er erläutert, dass kluge Gedanken solche Gedanken sind, die in einer Situation helfen. Kluge Gedanken sind hilfreich dabei z. B. einen Konflikt zu lösen, weniger Ärger zu bekommen, ein Lob zu erlangen, etc. Bei jedem genannten Gedanken entscheiden die Kinder, ob es sich um einen klugen oder einen dummen Gedanken handelt. Haben sie richtig entschieden, nehmen sie den Gedanken und heften ihn unter die jeweilige Wolke. Um zusätzlich zu motivieren, kann die richtige Einschätzung mit einem Lolli oder Ähnlichem belohnt werden.
Bis zur Pubertät ist dies ein absolut beliebtes Spiel. Die Kinder trainieren dabei, sich mit klugen und dummen Gedanken auseinanderzusetzen. Bewegung und Wettbewerb mit einer anderen Gruppe führen dazu, dass sich die Kinder besonders anstrengen und so spielerisch die klugen Gedanken lernen.

Dumme und kluge Gedanken

Dumme Gedanken	Kluge Gedanken
▪ Wenn jemand zu mir Arschloch sagt, schlag ich ihm aufs Maul.	▪ Wenn jemand zu mir Arschloch sagt, zucke ich mit der Schulter.
▪ Ich habe die Aufgabe nicht verstanden, also bin ich doof.	▪ Ich habe die Aufgabe nicht verstanden, ich frage noch einmal nach. / Ich habe die Aufgabe nicht verstanden, ich bemühe mich darum, eine Lösung zu finden.
▪ Die Lehrerin hat mich nicht drangenommen, sie kann mich nicht leiden.	▪ Die Lehrerin hat mich nicht drangenommen, andere Kinder sind auch einmal dran.
▪ Ich habe bei einem Spiel verloren, also raste ich aus.	▪ Ich habe bei einem Spiel verloren, und reiße mich zusammen. / Ich habe bei einem Spiel verloren, ich freue mich für den anderen.
▪ Ich habe eine schlechte Note bekommen, das Lernen hat nichts genützt.	▪ Ich habe eine schlechte Note bekommen, aber ich bemühe mich weiter.
▪ Ich kann meinen Lehrer nicht leiden, deshalb strenge ich mich nicht an.	▪ Ich kann meinen Lehrer nicht leiden, aber mache trotzdem im Unterricht mit.
▪ Wenn ich mich melde, rufe ich laut, dass ich etwas sagen will.	▪ Wenn ich mich melde, sitze ich ruhig auf meinem Stuhl und warte, bis ich dran genommen werde.
▪ Wenn ich etwas von einem anderen haben will, dann nehme ich es mir einfach.	▪ Wenn ich etwas von einem anderen haben will, dann frage ich höflich, ob ich es mir nehmen darf.
▪ Wenn ich etwas Falsches sage, lachen mich die anderen aus.	▪ Wenn ich etwas Falsches sage, ist das nicht schlimm, denn jeder macht mal Fehler.
▪ Wenn ein anderes Kind geärgert wird, mache ich mit.	▪ Wenn ein anderes Kind geärgert wird, helfe ich ihm oder hole Hilfe.
▪ Wenn meine Mitschüler konzentriert arbeiten, lenke ich sie ab.	▪ Wenn meine Mitschüler konzentriert arbeiten, versuche ich, mich auch zu konzentrieren.

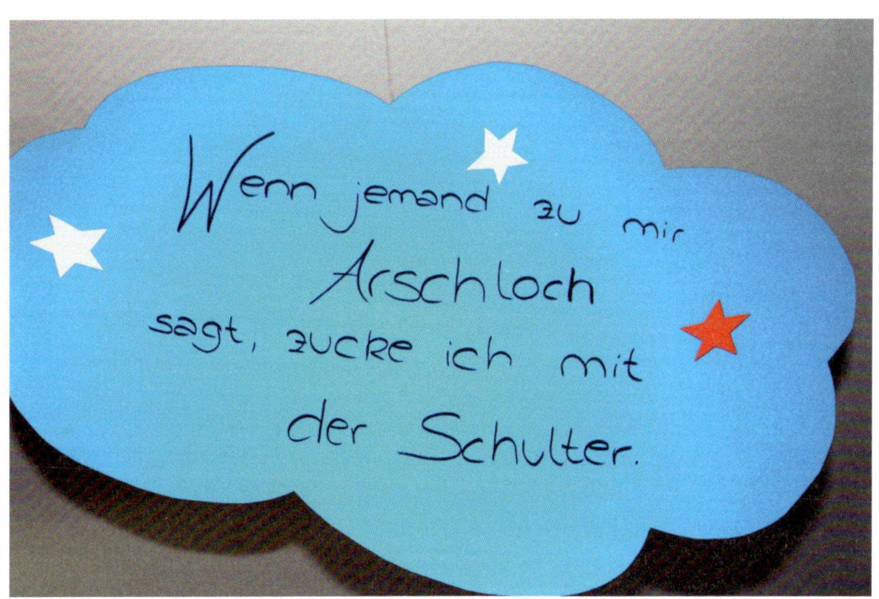
Wenn jemand zu mir
Arschloch
sagt, zucke ich mit
der Schulter.

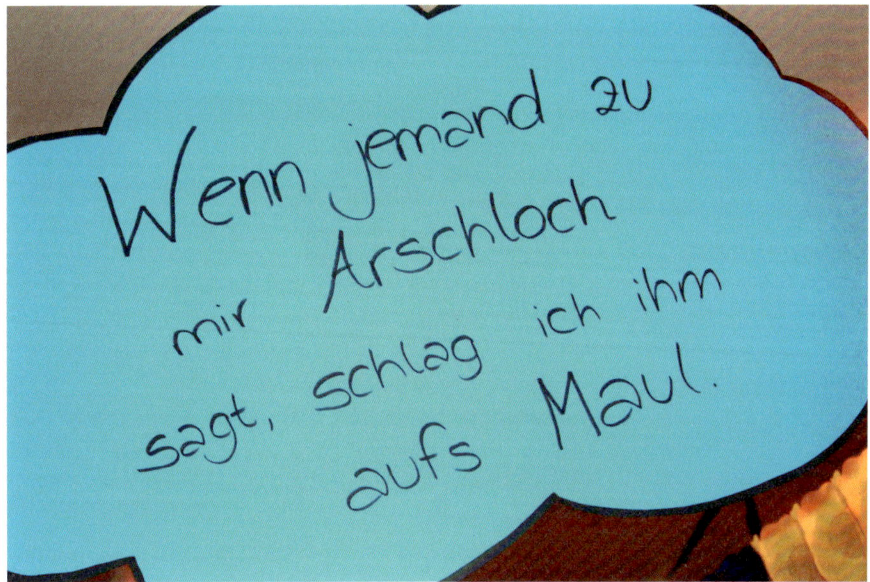
Wenn jemand zu
mir Arschloch
sagt, schlag ich ihm
aufs Maul.

„Freundschaft ist, wenn dich einer für gutes Schwimmen lobt, nachdem du beim Segeln gekentert bist."

Werner Schneyder

Literatur

Gudjons, H. (1995). ***Spielbuch Interaktionserziehung – 185 Spiele und Übungen zum Gruppentraining in Schule, Jugendarbeit und Erwachsenenbildung.*** Bad Heilbrunn: Verlag Julius Klinkhardt.

Heitzinger, V., Ettmayer, E & Gaspar, A. (2008). ***Gesundheitsförderung in Schulen.*** München: GRIN Verlag.

Krowatschek, D. & Krowatschek, G. (2002). ***Soziales Lernen mit ADS-Kindern. Das ADS-Trainingsbuch Band 2.*** Lichtenau: AOL-Verlag.

Krowatschek, D. & Wingert, G. (2021[2]). ***Schwierige Schüler im Unterricht. Hilfen bei schwierigem Schülerverhalten.*** Dortmund: verlag modernes lernen.

Sprick R. (2006). ***Discipline In The Secondary Classroom, A Positive Approach To Behavior Management, Second Edition.*** San Francisco: John Wiley & Sons.

Sprick, R. & Garrison, M. (2008). ***Interventions.*** Eugene: Northwest Publishing.

Wingert, G. & Krowatschek, D. (2008). ***Wenn Schüler rot sehen.*** Lichtenau: AOL-Verlag.

„Leben ist nicht genug, sagte der Schmetterling. Sonnenschein, Freiheit und eine kleine Blume gehören auch dazu.“

Hans Christian Andersen

Raum für Notizen

Raum für Notizen

Raum für Notizen

Bildquellennachweis

© stock.adobe.com:

2xSamara.com 11
Allen Penton 53
Armin Staudt 45
bymandesigns 118
Christian Schwier 14
Christian Schwier 38
Christian Schwier 62
Christian Schwier 70
Christian Schwier 72
Christian Schwier 129
Christian Schwier 132
Christian Schwier 159
DURIS Guillaume 17
EpicStockMedia 114
ihnat 147
Ivan Gener/Stocksy 216
Jacek Chabraszewski 141
Jörg Rautenberg 148
Kzenon 104
Kzenon 111
liandstudio 162
matimix 98
michaeljung 177
photophonie 61
Seventyfour 182
soleg 42
soleg 43
Thales 167
ViDi Studio 150
vizualni 34
watman 51

Konzentration und Entspannung

Dieter Krowatschek | Gordon Wingert
Das neue Marburger Verhaltenstraining (MVT)
Kinder wahrnehmen – stärken – begleiten
7. Aufl. 2023, 344 S., farbige Abb., Beigabe: Material zusätzlich als Download, Format DIN A4, im Ordner | Alter: 6-14 | **ISBN 978-3-8080-0846-1**
Bestell-Nr. 5234 | 48,00 Euro

Dieter Krowatschek | Gita Krowatschek | Caroline Reid
Marburger Konzentrationstraining (MKT) für Schulkinder
Kopiervorlagen-Mappe
11. Aufl. 2019, 260 S., farbige Abb., Format DIN A4, im Ordner | Alter: 6-12 | **ISBN 978-3-8080-0860-7**
Bestell-Nr. 8365 | 48,00 Euro

Dieter Krowatschek | Uta Theiling
Geschichten von der Fly
Entspannung für unruhige, unauffällige, übermütige und ängstliche Kinder
4. Aufl. 2019, 192 S., ganzseitige farbige Abb., Beigabe: Audio-CD, Format 16x23cm, fester Einband | Alter: 5-12
ISBN 978-3-938187-50-0
Bestell-Nr. 9400 | 26,80 Euro

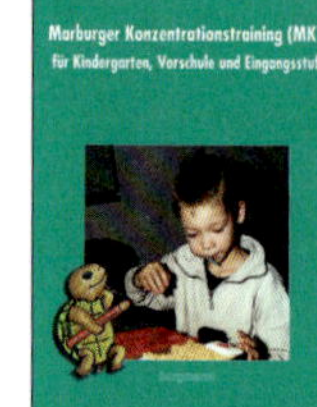

Dieter Krowatschek | Sybille Albrecht | Gita Krowatschek
Marburger Konzentrationstraining (MKT) für Kindergarten, Vorschule und Eingangsstufe
5. Aufl. 2019, 244 S., farbige Abb., Format DIN A4, im Ordner | Alter: 5-7 | **ISBN 978-3-86145-269-0**
Bestell-Nr. 8334 | 48,00 Euro

Dieter Krowatschek | Caroline Reid
Die Fly reist um die Welt
Neue Entspannungsgeschichten für unruhige, unauffällige, übermütige und ängstliche Kinder
3., unveränderte Auflage 2018, 200 S., farbige Abb., Format 16x23cm, fester Einband | Alter: 5-12
ISBN 978-3-938187-73-9
Bestell-Nr. 9422 | 22,80 Euro

Dieter Krowatschek | Gita Krowatschek | Gordon Wingert
Marburger Konzentrationstraining für Jugendliche (MKT-J)
4., unveränderte Aufl. 2017, 240 S., farbige Abb., Format DIN A4, im Ordner | Alter: ab 12
ISBN 978-3-938187-58-6
Bestell-Nr. 9386 | 48,00 Euro

Dieter Krowatschek | Uta Hengst
Mit dem Zauberteppich unterwegs
Entspannung in Schule, Gruppe und Therapie für Kinder und Jugendliche
6., unveränd. Aufl. 2018, 344 S., Beigabe: Audio-CD (72 Min.), Format 16x23cm, fester Einband | Alter: ab 4
ISBN 978-3-938187-12-8
Bestell-Nr. 9355 | 29,80 Euro

Dieter Krowatschek | Gordon Wingert
Schwierige Schüler im Unterricht
Hilfen bei schwierigem Schülerverhalten
2., durchgesehene Aufl. 2021, 304 S., farbige Abb., Beigabe: Vorlagen als Download, Groß-Format DIN A4, im Ordner | Alter: alle Altersstufen
ISBN 978-3-8080-0889-8
Bestell-Nr. 8410 | 40,00 Euro

Dieter Krowatschek | Uta Hengst | Dietrich Leiterer
Schwarzes Theater – leicht gemacht
Ausstattung und Spielvorschläge für den Einsatz in der Schule
5., unveränd. Aufl. 2013, 120 S., farbige Abb., Format 16x23cm, Ringbindung | **ISBN 978-3-86145-196-9**
Bestell-Nr. 8308 | 20,40 Euro

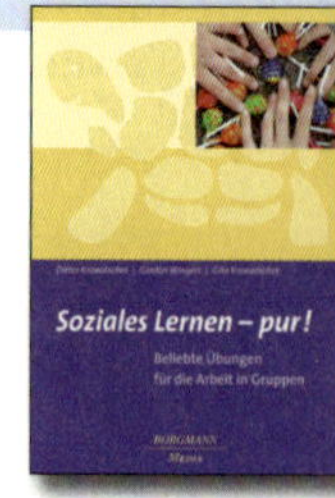

Dieter Krowatschek | Gordon Wingert | Gita Krowatschek
Soziales Lernen – pur!
Beliebte Übungen für die Arbeit in Gruppen
5., durchgesehene Aufl. 2023, 224 S., NEU: farbige Abbildungen, Format 16x23cm, Klappenbroschur | Alter: 6-66 | **ISBN 978-3-942976-32-9**
Bestell-Nr. 9421 | 21,95 Euro

verlag modernes lernen

Schleefstraße 14, D-44287 Dortmund
Telefon 02 31 12 80 08, Fax 02 31 12 56 40
E-Mail: info@verlag-modernes-lernen.de
Leseproben und Bestellen im Internet: www.verlag-modernes-lernen.d